El Dominio del cuerpo femenino como ejercicio de poder a través de textos médicos clásicos y medievales

María de la Soledad Zambrano Sánchez

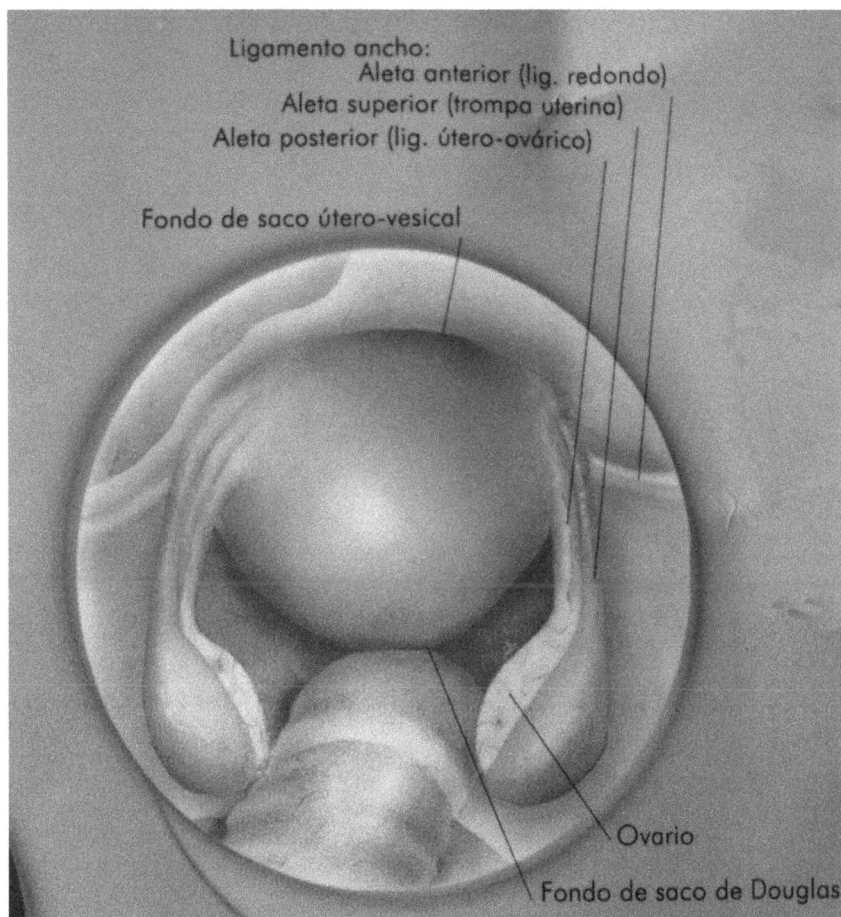

Ligamento ancho:
Aleta anterior (lig. redondo)
Aleta superior (trompa uterina)
Aleta posterior (lig. útero-ovárico)

Fondo de saco útero-vesical

Ovario

Fondo de saco de Douglas

BAR International Series 2405

2012

Published in 2016 by
BAR Publishing, Oxford

BAR International Series 2405

El Dominio del cuerpo femenino como ejercicio de poder a través de textos médicos clásicos y medievales

ISBN 978 1 4073 1003 9

BAR Publishing is the trading name of British Archaeological Reports (Oxford) Ltd.
British Archaeological Reports was first incorporated in 1974 to publish the BAR
Series, International and British. In 1992 Hadrian Books Ltd became part of the BAR
group. This volume was originally published by Archaeopress in conjunction with
British Archaeological Reports (Oxford) Ltd / Hadrian Books Ltd, the Series principal
publisher, in 2012. This present volume is published by BAR Publishing, 2016.

Printed in England

BAR
PUBLISHING

BAR titles are available from:

BAR Publishing
122 Banbury Rd, Oxford, OX2 7BP, UK
EMAIL   info@barpublishing.com
PHONE   +44 (0)1865 310431
FAX   +44 (0)1865 316916
www.barpublishing.com

Panel izquierdo del Jardín de las Delicias, que corresponde al Paraíso. Hyeronimus Van Acken El Bosco. Museo del Prado.

INTRODUCCIÓN

SUMMARY

This work intends to study the consideration of the female body in ancient and medieval societies, as seen through the eyes of doctors. In their writings on gynecology, the medieval authors that are studied here have made clear to us their thoughts on women, which are grounded in the texts of their predecessors (Greek and Latin doctors) but conditioned by their own religious beliefs, whether they were Christian, Jewish, or Muslim.

Their works were written not only to educate or to inform other doctors and midwives, but also to aid medical students and to provide guidance for women that might need it. Further, we consider that these texts reflect the popular opinion when it comes to such issues, as in many instances they are closer to popular belief than to science.

Our authors wrote in order to gain recognition and prestige. They based their advice on texts written by earlier, widely recognized authors. In turn their work became references for future doctors who, in their own writing, would cite them or recreate their work. From this point of view, it can be said that none of these doctors pursued an objective that is relative to our current medical practices, but this does not mean that their texts are any less important.

The texts studied in this work span almost twenty centuries, from the fifth century bc to the fifteenth century ad.

RESUMEN

Este trabajo pretende estudiar la consideración que del cuerpo femenino tuvieron las sociedades antigua y medieval, visto a través de los ojos de los médicos. En sus escritos sobre ginecología, los autores medievales que aquí se estudian nos han legado su pensamiento sobre la mujer, un pensamiento fundamentado sobre los textos de sus predecesores, los médicos griegos y latinos, pero condicionado por sus propias creencias religiosas, ya fueran éstas cristianas, judías o musulmanas.

Sus obras fueron redactadas no sólo para la formación e información de otros médicos o comadronas, sino también para los estudiantes de medicina y para las mujeres que pudieran necesitar de estos consejos. Además, consideramos que en buena medida reflejan el pensamiento general de la sociedad sobre estos temas, puesto que en muchas ocasiones están más cerca de las creencias populares que de la ciencia.

Nuestros autores escribían para obtener reconocimiento y prestigio, basaban sus consejos en textos de autores anteriores, ampliamente reconocidos por todos, y a su vez se convertían en referentes para otros médicos futuros, que los citarían o bien recrearían sus obras en sus propios escritos. Desde este punto de vista, puede afirmarse que ninguno de estos médicos perseguiría objetivo alguno que podamos relacionar con la práctica médica actual y que les hiciese alejarse de su estatus.

Los textos estudiados en este trabajo se extienden a lo largo de casi veinte siglos, desde el V a.C. hasta el XV d.C. y son los siguientes:

1) El libro IV de los *Tratados Hipocráticos* del V-IV a.C., sobre ginecología
2) *Reproducción de los animales* de Aristóteles del IV a.C.
3) *Sobre la localización de las enfermedades* de Galeno, del II d.C. El capítulo quinto del Libro VI trata sobre las enfermedades del útero y el sexto sobre las de los varones.
4) *El libro de la generación del feto, el tratamiento de las mujeres embarazadas y de los recién nacidos (Tratado de Obstetricia y Pediatría hispano-árabe del siglo X)*, de Arib Ibn Said.
5) *Sefer ha-toledet: Les infortunes de Dinah: Le libre de la génération. La ginecología juive au moyen âge.* Es una traducción al hebreo del texto latino del siglo VI, la *Gynaecia* de Muscio, en el cual se refleja la influencia de Sorano, médico romano cuatro siglos anterior a Muscio.
6) *Tractatus de conceptu*, tratado breve del siglo XIV, sobre los problemas de la concepción.
7) *Tractatus de sterilitate mulierum*, atribuido a Bernardo de Gordonio del siglo XIV.
8) *Lilium medicinae* de Bernardo de Gordonio del siglo XIV. El libro VII lo dedica a las enfermedades de la mujer y del varón en relación a la fecundidad. El último capítulo de este libro lo dedica a la cosmética.
9) *Capítulo de mujeres o Salar ha-nasim.* Obra anónima, pertenece al corpus médico hebreo de los siglos XV-XVI. Trata sobre afecciones ginecológicas.

El trabajo que presentamos se divide en seis capítulos: el primero trata sobre los conocimientos acerca del cuerpo humano en los que se basan nuestros autores. El segundo es una breve descripción de cada una de las obras estudiadas. El tercero versa sobre algo tan fundamental en esta época como las diferencias entre hombres y mujeres (imperdonable la confusión del sexo noble con el que no lo es) y sobre los escasos conocimientos de anatomía y fisiología -la mayor parte de las veces basados en la analogía con la anatomía de los animales que diseccionaban o en la imaginación propia o colectiva-. Acaba este capítulo tratando sobre las diferencias y similitudes entre semen y sangre menstrual.

El cuarto capítulo está dedicado a la fecundación o unión entre el óvulo y el espermatozoide para formar un huevo, a la formación del feto, al parto y a la formación de la leche materna. El quinto sobre las enfermedades propias de la mujer, sobre la virginidad, que para los griegos es causa de enfermedades, y sobre la mola, cuestión que preocupaba a nuestros médicos y filósofos, porque era un embarazo extraño, sin niño y ¿sin la intervención del varón? ¿esto supondría que la mujer puede fecundarse a sí misma? El capítulo sexto, en fin aborda la cuestión de la esterilidad femenina, una tragedia para griegos y medievales, y sobre esterilidad masculina, un tema que aunque preocupa a nuestros médicos, no tiene el mismo significado que la femenina.

Tras las conclusiones, un glosario de términos médicos de las épocas estudiadas (las palabras de este glosario, se señalan con un asterisco) y varios anexos sobre los índices de los textos, escuelas de medicina griegas y medievales y tablas comparativas de diagnósticos y tratamientos, completan nuestro trabajo.

AGRADECIMIENTOS

Al Dr. D. Francisco García Fitz y al Dr. D. Javier Burgaleta Mezo, mis profesores, por su paciencia y dedicación así como por sus oportunos y sabios consejos, sin los cuales no hubiera sido posible este trabajo.

Al Dr. D. Francisco Germán Rodríguez Martín, su amistad, su apoyo y su entusiasmo me han ayudado a dar forma al libro.

Al Centro de Cirugía de Mínima Invasión Jesús Usón de Cáceres, por la cesión de la imagen de la portada.

CAPITULO I

LOS FUNDAMENTOS FILOSÓFICOS DEL FUNCIONAMIENTO DEL CUERPO

SUMMARY

In this chapter we explorethe knowledge of the human body in which our authors base their work. The body, or microcosm, is studied in order to understand the cosmos: by studying the body, an element that is nearby, easy to access and on which it is possible to experiment, it is possible to apply findings to studies of the cosmos.

The idea that the body can function as a representation of the cosmos originates in its own elements, in its underlying material, or *arche* – the origin of all. In the seventh and sixth centuries bc, the Milesianphilosophers believedthat this underlying material was a single element while later on philosophers believed it to be a multiplicity of elements when in the fifth century ad the classical elements appeared: earth, water, fire and air. After this point the humorism theory developed and was considered validthrough the eighteenth century ad.

As such, medical knowledge, based in philosophy, accumulated flavours, which at first were original and went against the dominant idea of resignation in front of supernatural intervention against sickness, would subsequently become repetitive, and would accept all (this study covers twenty centuries) previous knowledge without questioning it. This is the surprising part – nothing moves these authors away from the guidelines created by their predecessors.

RESUMEN

En este capítulo estudiamos los conocimientos del cuerpo humano en los que se basan nuestros autores. Se estudia el cuerpo o microcosmos para poder comprender el cosmos y para poder aplicar unos razonamientos sobre un elemento cercano, fácil de acceder y con el que es posible experimentar.

El cuerpo como representación del cosmos participa de sus mismos elementos, de la materia primigenia o arjé, origen de todo, ésta ha sido considerada como un solo elemento por los milesios de los siglos VII al VI a.C. o como una multiplicidad de elementos en el siglo V a.C. donde aparecen las raíces: fuego, aire, tierra y agua. A partir de aquí se desarrolla la teoría de los humores que estará vigente hasta el siglo XVIII.

Así los conocimientos médicos, basados en la filosofía, van acumulando saberes, al principio originales, contra la idea dominante de resignación ante la intervención sobrenatural frente a la enfermedad, posteriormente serán repetitivos, aceptando todos (este estudio incluye veinte siglos) los conocimientos anteriores sin cuestionar y esto es lo sorprendente, nada que los aleje de la línea trazada por los predecesores.

FUNDAMENTOS FILOSÓFICOS DEL FUNCIONAMIENTO DEL CUERPO

El cuerpo humano (principalmente el femenino), ha sido motivo de análisis desde siempre, primero por los filósofos, después por los clérigos y posteriormente, y por delegación de los anteriores, por los médicos. Los conocimientos médicos serán usados en el medievo para perpetuar las ideas negativas sobre la mujer, pero con un barniz científico, considerado así por estar basados en textos médicos y filosóficos griegos.

El cuerpo o microcosmos[1] es un elemento constitutivo de otro más grande y más complejo, el cosmos, y es al mismo tiempo la representación del mismo. En consecuencia, se estudia aquel para poder comprender a éste y para poder aplicar unos razonamientos sobre un elemento cercano, fácil de acceder y con el que es posible experimentar.

Si como resultado de este análisis surge, además de la posibilidad de ordenar el cosmos, la de controlar los cuerpos, el resultado sobrepasa el deseo de conocer y nos encontramos con el ejercicio del poder desde el ámbito sutil de una rama del conocimiento, la medicina.

Si este análisis también permite la recreación del cosmos y por tanto del cuerpo humano, según unas ideas establecidas para conseguir un resultado preciso y en consonancia con unos intereses particulares o generales, tenemos todo un *corpus* de conocimientos, tan fundamentales como los referidos a la enfermedad y al sufrimiento, al servicio de esos intereses, que no siempre coinciden con los propios de la medicina (aliviar y confortar), con los que a veces los autores de los textos médicos serán discrepantes, pero no lo suficiente como para tomar otro camino que los separe del prestigio, del poder o del conocimiento.

El cuerpo como representación del cosmos participa de sus mismos elementos, de la misma forma que los alimentos y todo lo que le rodea. Esta materia primigenia o *arjé*, origen de todo, ha sido considerada como un solo elemento por los milesios de los siglos VII al VI a.C.[2], que consideran al *arjé* formada por agua, por lo indeterminado o por aire.

Se inicia de esta forma la sustitución de la teología por la filosofía, para explicar el funcionamiento del universo, un cambio que se vio favorecido por la propia naturaleza de las divinidades griegas: los dioses místicos –Dionisos– formaban una unión con sus fieles (con la naturaleza), mientras que los dioses olímpicos –Zeus– se relacionaban con sus fieles de forma contractual: recibían peticiones y sacrificios, y a cambio daban dones. De alguna forma se

oponen a la naturaleza, son dioses antropomórficos pero encerrados en el Olimpo, formando parte de una familia patriarcal, en la que hay establecidas diferentes funciones, que los asemejan a los humanos. Pero al carecer de emociones como las humanas, nunca serán individualidades sino máscaras vacías. Al alejarse de la naturaleza, Cornford considera que la dejaron expedita para la ciencia[3].

Más adelante, ya en siglo V a.C., el *arjé,* aparece formado por una multiplicidad de elementos como son los átomos, las homeomerías[4] o las raíces[5]. Empédocles establece su teoría de las cuatro raíces[6] o elementos primigenios y de las dos fuerzas primitivas y elementales, llamadas *philía* (amistad) y *neikos* (discordia)[7]. Al principio les dio el nombre de dioses: Zeus, Hera, Edoneo y Nestis; después serán fuego, aire, tierra y agua respectivamente.

Estas raíces o elementos se componen de las cualidades de los cuerpos naturales, así tenemos frío (niebla, nubes, aire), caliente (rayo, fuego), seco (tierra) y húmedo (lluvia, mar, agua), ordenados cada elemento por pares contrapuestos de cualidades:

El agua contiene frío y humedad
La tierra, frío y sequedad
El fuego, calidez y sequedad
El aire, calidez y humedad

Las cualidades se basan en un primitivo complejo elemental que permite obtener el alimento humano (de ahí su importancia, no podemos olvidar que por encima de la teología y de la filosofía, está la supervivencia, que se consigue con el alimento y la procreación): el fuego rompe las nubes, y hace aparecer la lluvia que fertiliza la tierra. Representan el matrimonio primordial del Cielo y la Tierra unidos por Eros.

Tres hijos de Crono se reparten estas cualidades: Zeus posee el fuego, el trueno, la luz y el calor; Poseidón, la humedad, los ríos y los mares; Hades domina sobre las nubes y las tinieblas; por último la Tierra que es fecundada por las cualidades de los anteriores[8].

Si en un primer momento la medicina forma parte de la física y a los filósofos de la naturaleza se les considera médicos (Pitágoras, Empédocles, Demócrito…), es a

---

[1] Las teorías sobre el microcosmos establecen que el cuerpo humano tiene todos los elementos constitutivos del cosmos. Se remontan a Empédocles, Leucipo y Demócrito (y posiblemente a teorías más antiguas de la tradición india).
[2] Tales, Anaximandro y Anaxímenes. Véase MARTÍNEZ MARZOA, F.: *Historia de la filosofía Antigua.* Madrid, 1995, pp. 21-24.

[3] CORNFORD, F.M.: *De la religión a la filosofía.* Barcelona 1984, pp. 138-139.
[4] Homeomerías o semillas, aquello que siempre es divisible, pero mantiene sus cualidades.
[5] Demócrito, Anaxágoras y Empédocles. Véase MARTÍNEZ MARZOA, F.: *Historia...* Cap. IX-XI.
[6] Todo cuanto hay en el ser se ha formado de ellas, por mezcla y por separación. Son irreductibles, no desaparecen, solo suponen la mezcla y el cambio de las cosas mezcladas. Véase HIRSCHBERGER, J.: *Historia de la filosofía I.* Barcelona 1979, p. 61.
[7] Cuya función es poner en movimiento a las cuatro raíces. Véase CORNFORD, F.M.: *De la religión a la filosofía.* p. 234. BRUNSCHWIG, J. y LLOYD, G.: *El saber griego.* Madrid 2000, p. 458. LAÍN ENTRALGO, P.: *Historia de la medicina.* Barcelona, 1989, p. 68
[8] CORNFORD, F.M.: *De la religión a la filosofía,* p. 140.

partir del siglo V a.C. cuando la medicina comienza a separarse de la filosofía, pero no sin controversias, siendo Hipócrates el primer autor considerado sólo médico, y no ya filósofo. Los médicos han buscado sus modelos teóricos en la filosofía de la que están intentando separarse, sin embargo sus descubrimientos no han influido en los sistemas filosóficos[9]. Claro que habría que establecer qué consideran Brunschwig y Lloyd como descubrimientos médicos, pues estos realmente no han llegado hasta el XVIII.

Es lógico que un sistema que sólo se basa en el acúmulo y repetición (casi sin planteamientos críticos) de la información de los filósofos y médicos precedentes, no pueda influir en los sistemas filosóficos, caracterizados por la constante búsqueda de explicaciones. De todas formas la separación total no ocurrirá hasta el siglo XVIII.

Tras la estela de los físicos presocráticos surgirán los sistemas humorales como fórmula de explicación del funcionamiento del cuerpo. El más conocido es el atribuido a la escuela de Cos, que considera la existencia de cuatro humores: flema o pituita, sangre, bilis negra y bilis amarilla. Los cnidios solo consideraban dos, flema y bilis. En las distintas partes del *Corpus Hippocraticum* pueden aparecer dos, tres o cuatro, debido a la extensión en el tiempo de su elaboración y a los numerosos autores, comentadores y traductores que ha tenido.

A partir de aquí, Galeno elabora la doctrina de los temperamentos, relacionando los elementos y sus cualidades con un humor, dando lugar a un determinado tipo biológico o temperamento. En función de ello tendríamos los siguientes temperamentos: flemático, melancólico o atrabiliario, colérico y sanguíneo[10].

El agua se relaciona con la flema y el temperamento flemático

La tierra, con la bilis negra y el temperamento melancólico

El fuego, con la bilis amarilla y el temperamento colérico

El aire, con la sangre y el temperamento sanguíneo

---

[9] BRUNSCHWIG, J. y LLOYD, G.: *El saber griego*, p. 332.
[10] LAÍN ENTRALGO, P.: *Historia de la medicina*, p.81 y BABINI, J.: *Historia de la medicina*. Barcelona, 1980. p.40

Venus paleolítica de Laussel.
Museo de Aquitania (Burdeos)

Ídolo femenino neolítico
de Susa

Ídolo femenino oculado de la
Edad del Bronce de Salvatierra
Museo Arqueológico de Cáceres

Cada cualidad se relaciona a su vez, con una parte del organismo: el frío con el cerebro, lo cálido con el corazón, la bilis amarilla con el hígado y la bilis negra con el estómago (o bazo).

Los temperamentos conforman las estructuras orgánicas de cada individuo y están determinados por la mezcla de los humores. La mezcla se hace por la cocción (digestión) de los alimentos, que es la fusión perfecta de todos ellos, cada uno con sus cualidades pero sin predominar ninguno. La sangre, que es el humor más puro, procede de la última digestión de los alimentos, así como el esperma, que en el caso del varón es residuo útil. En cambio el esperma femenino o sangre menstrual tiene una cocción incompleta, por eso se queda en sangre o en algo parecido a la sangre.

Los autores medievales hicieron suyos estos principios generales, como Bernardo de Gordonio. Por la claridad de su libro, extraemos los resultados de las digestiones o cocciones, basados en los sabios anatomistas (los médicos griegos) según él mismo cita en su obra *Lilio de medicina*:

De la primera digestión resultan los   excrementos.

De la segunda digestión la orina y la menstruación, que no es de la tercera como el semen porque se parece a la sangre que no es blanca. Si la menstruación fuera blanca, se diferenciaría de la sangre; eso significa que está cocida.

De la tercera digestión, aparece el semen[11], tanto del hombre como de la mujer (en este caso diferencia el

esperma de la sangre menstrual), y el sudor aunque más adelante sitúa el semen como residuo del cuarto alimento.

De la cocción de la sangre surge el esperma del varón, ocurre en la última (cuarta) digestión, pues es una sustancia que no se parece en nada a las otras evacuaciones, sino que es pura y por supuesto residuo útil para Aristóteles.

La leche materna es sangre cocida dos veces. Al estar el pecho en el tórax, se ayuda con el calor del corazón, pues hay que tener en cuenta que la mujer es fría.

La polución nocturna es evacuación de la materia de la tercera digestión[12].

Para los hipocráticos la naturaleza del cuerpo humano está en continuo movimiento, lo cual se debe a la mezcla o *krasis* de los humores y a la conexión de las distintas partes del cuerpo. Para conseguir la mezcla y las conexiones adecuadas se emplea el calor generado por el corazón y los alimentos, y por el pneuma procedente del exterior[13]. Por tanto, la enfermedad y la salud dependen de la mezcla de los humores, de la inhalación y circulación del pneuma y del calor del corazón.

Posiblemente fue Alcmeón de Crotona en el siglo VI a.C. el primero en definir los conceptos de salud y enfermedad, usando un símil político: la salud es el equilibrio de las cualidades elementales del cuerpo

---

[11] Semen o esperma se usan indistintamente, en ambos casos se refieren a la semilla tanto del varón como de la mujer.

[12]BERNARDO DE GORDONIO: *Lilio de medicina.* Madrid, 1993, pp. 1522, 1461, 1502, 985 y 1432.
[13] LÓPEZ PIÑERO, J.Mª.: *La medicina en la historia.* Madrid, 2002. p.75.

(caliente, húmedo, seco, frío, dulce, amargo...), la enfermedad es la monarquía de una de estas cualidades[14].

Se conoce como *Eukrasìa* a este equilibrio de los humores corporales, a la mezcla adecuada de cada uno de ellos que resulta necesaria para tener salud. El temperado en el que no predomina ningún humor es el equilibrio, lo deseable. Ésta idea de equilibrio no deja de ser muy actual: en la definición de salud, la Organización Mundial de la Salud (OMS) incluye como término fundamental el equilibrio, en este caso de varios factores (físicos, psíquicos, sociales...) no de humores, pues la teoría humoral dejó de estar vigente en el siglo XVIII.

Diskrasía, por el contrario, sería el desequilibrio, la enfermedad que hace intervenir al médico que actúa con diversos tratamientos: alimentación y régimen de vida, farmacopea (administrado por muy diversas vías) y cirugía[15]. Pero sin olvidar que para los hipocráticos la naturaleza es la que cura, el médico es su mero servidor[16].

El macrocosmos o universo relacionado con el microcosmos o cuerpo tiene su origen probablemente en la tradición médica de la India y continuará a través de los árabes en la medicina medieval. La escuela griega de Cos da una gran importancia a todo lo que rodea a la persona enferma, como los factores ambientales, el tipo de vida, la estación del año, los vientos, las aguas, la orientación.

Elementos	Aire	Fuego	Tierra	Agua
Humores	Sangre	Bilis amarilla	Bilis negra	Flema o pituita
Cualidades	Cálido y húmedo	Caliente y seco	Frío y seco	Frío y húmedo
Temperamentos	Sanguíneo	Colérico	Melancólico	Flemático
Órganos	Corazón	Hígado	Estómago	Cerebro
Estaciones	Primavera	Verano	Otoño	Invierno
Orientación	Este	Sur	Oeste	Norte

---

[14] BRUNSCHWIG, J. y LLOYD, G.: *El saber griego*, p. 336.
[15] Alimentación y régimen de vida para los ricos, farmacopea y cirugía para los pobres, evidentemente porque es más barato y se necesita menos tiempo. Veáse FLANDIN, J.L. y MONTARINI, M. (dir.): *Historia de la alimentación*. Gijón, 2004, p. 289.
[16] LÓPEZ PIÑERO, J.Mª.: *La medicina...* p.77.

FISIOLOGÍA

Dentro de los modelos teóricos de la filosofía que se aplican a la medicina, tenemos los que explican la fisiología humana. Son distintas teorías sobre el corazón (como origen del soplo vital), sobre la preponderancia del cerebro y su función de control sobre el resto del cuerpo (teoría seguida por la mayoría de los médicos, frente a la anterior) y sobre la formación del semen. Todas son necesarias para entender las funciones del cuerpo relacionadas con la fecundación y el desarrollo del embrión.

Según la teoría llamada **cardiocéntrica**, el principio de las sensaciones y de todo animal reside en el corazón[17], es el primer órgano que se forma en el embrión. Esta idea es seguida por Empédocles, por algunos hipocráticos, por Aristóteles y Averroes. En el corazón es donde está el calor que sirve para mantener la mezcla de los humores y el funcionamiento del cuerpo, donde se forma la sangre portadora del *pneuma* o aire que penetra en el cuerpo por la boca y la nariz, y se difunde por todo el cuerpo a través de las arterias del corazón. El *pneuma* sirve para refrigerar y vivificar[18].

Del corazón sale la red vascular arterial (para nuestros autores, las arterias llevaban aire no sangre, como conocemos ahora) hacia el resto de las partes del cuerpo. En cambio, el cerebro es un órgano húmedo, frío e insensible (cualidades necesarias para mantener el órgano frío y poder pensar) en contrapartida al calor del corazón. Se forma después y sólo se diferencia de los otros órganos por su tamaño, sirve para regular el calor del corazón con el que se comunica a través de grandes vasos que acaban en la membrana del cerebro. Al llegar a ésta, los vasos se hacen pequeños y numerosos y la sangre es fina y clara[19] porque no aportan calor.

Esta teoría cardiocéntrica de Aristóteles se enfrenta a la propuesta por Alcmeón de Crotona, en la que defiende la importancia del cerebro sobre las otras partes del cuerpo, le otorga el control sobre los órganos de los sentidos, por lo que su afectación altera a los sentidos y a la capacidad de pensar[20]. Entre sus seguidores tenemos a Hipócrates, Platón, Galeno, Bernardo de Gordonio y Avicena entre otros. Según la teoría que conocemos como **encéfalo-mielógena**, el semen se origina en el cerebro y en la médula. Éste desciende hasta los testículos a través de conexiones, que pasan por detrás de las orejas, nuca,

columna vertebral y músculos lumbares, según los médicos medievales[21].

Para la teoría **pneuma-esperma** seguida por Aristóteles, el calor presente en el esperma de todos los seres vivos es lo que lo hace fecundo. Este calor o soplo vital es aire innato, procedente del interior (para los hipocráticos este aire o *pneuma* procede del exterior y entra en el cuerpo por la boca y por la nariz), cuya naturaleza es parecida al éter[22], está encerrado en el esperma (del varón) y en lo espumoso del mismo, tiene su origen en el corazón y le transmite el soplo vital necesario para dar el alma a la materia.

La **pangénesis** (nombre dado por los biólogos del siglo XVII) es la doctrina según la cual el esperma recibe aportación de todas y cada una de las partes del organismo que lo produce. Es la teoría más antigua que prevalece en las escuelas de Cnido y de Cos[23]. Esta doctrina intenta dar una explicación racional a la herencia y al parecido de hijos a padres, sus orígenes están en Anaxágoras, Empédocles, Demócrito e Hipócrates. Sin embargo fue refutada por Aristóteles, que no se explica cómo no se forman dos animales, pues si el esperma viene de todas las partes de cada uno de los progenitores, contendrá a cada uno de ellos.

Aristóteles (que no reconoce la existencia de esperma femenino) se plantea la siguiente pregunta *¿por qué las hembras no engendran de ellas mismas si es que el esperma proviene de todo el cuerpo y poseen su receptáculo?*[24] La crítica se basa en la ausencia de esperma femenino, que Aristóteles defiende con vehemencia para apoyar su tesis sobre los distintos aportes de cada sexo a la fecundación*: la mujer aporta la materia y el varón la forma (el alma)[25].

La teoría **hematógena** de Diógenes de Apolonia, con la que no están de acuerdo los hipocráticos, fue desarrollada por Aristóteles y seguida en el medievo[26]. Plantea que el esperma procede de la sangre. Si su aspecto es diferente (se refiere al color) se debe a la cocción. Cuando no hay cocción o cuando hay un exceso de relaciones sexuales, el esperma se vuelve sanguinolento, esto es la demostración clara de su origen sanguíneo[27]. En la mujer

---

[17] ARISTÓTELES: *Reproducción de los animales*. Introducción, traducción y notas E. Sánchez. Madrid, 1994. 743b 25-29.

[18] LÓPEZ PIÑERO, J.Mª.: *La medicina...*, p. 7.

[19] ARISTÓTELES: *Obra biológica. De Partibus Animalium. De Motu Animalium. DeIncessu Animalium*. Trad. R. Bartolomé, introducción y notas, A. Marcos. www.fyl.uva.es/~wfilosof/webMarcos/textos/PA.doc - 652b.

[20] CORNFORD, F.M.: *Principium sapientae. Los orígenes del pensamiento filosófico griego*. Madrid, 1988, pp. 59-60.

---

[21] BERNARDO DE GORDONIO: *Lilio de medicina*, p. 1408. "*el haber cortado las venas yugulares que están detrás de las orejas producen esterilidad porque el esperma viene del cerebro...*"

[22] Elemento especial incorruptible, sometido únicamente al movimiento circular, pertenece al mundo supralunar, a diferencia de éste, el mundo sublunar está formado por los cuatro elementos y sometido a la generación y a la corrupción.

[23] LAÍN ENTRALGO, P.: *Historia de la medicina*, p. 82.

[24] ARISTÓTELES: *Reproducción de los animales*, 722b10

[25] *Ibídem*, 722b20

[26] FRANCISCO NÚÑEZ DE CORIA: *Tractado del uso de las mugeres*. Edición Jean Dangler, Florida 1997. fol 295r. "*Finalmente la tal humedad de esperma es de la mas clara y pura sangre de las arterias de la qual se alientan los miembros principales, por lo qual los que vsan demasiadamente este acto y exercicio, salen descoloridos y flacos, mas que si quarenta vezes se sacassen otras tanta cantidad de sangre...*"

[27] ARISTÓTELES: *Reproducción de los animales*, 726b.

la sangre menstrual es equivalente al esperma del varón, esta sangre menstrual es similar a la sangre en su aspecto (su color) porque no está suficientemente cocida (por eso no es blanquecina como el semen masculino), ya que la mujer carece de calor natural. Aristóteles no reconoce la existencia del esperma femenino, en cambio, los médicos sí lo aceptan, entre ellos Hipócrates, Galeno, Sorano, Arib Ibn Said, Bernardo de Gordonio...

PATOLOGÍA

Una vez vistas las principales teorías en las que se apoyan los médicos para explicar el funcionamiento del cuerpo humano pasamos a las explicaciones en las que basan la patología general y ginecológica.

Para Hipócrates el arte médica busca conocer la naturaleza de las enfermedades, por ello debe conocer la naturaleza del todo, la *Phýsis,* que como principio de todo lo existente, es imperecedera y dinámica. Esto supone el alejamiento definitivo, al menos en el diagnóstico, de la intervención divina y de la magia, pero como veremos, no en los tratamientos, que siguen recurriendo a los remedios mágicos de la medicina popular.

"Para el género humano [afirma Hipócrates] *la causa principal de esas enfermedades es la divinidad y luego las distintas naturalezas de las mujeres y las coloraciones de su piel. En efecto, las excesivamente blancas, son bastante húmedas y muy propensas al flujo, las de piel oscura son más secas y sólidas. Las de color vinoso representan el punto medio de los otros dos tipos. Lo mismo cabe decir en relación con la edad: las jóvenes son más húmedas y tienen más cantidad de sangre por lo general; las mayores son más secas y escasas de sangre, y las de mediana edad representan el punto medio de las otras dos"*[28]. Este autor también tiene en cuenta, para establecer la patología, la época del año y el lugar donde reside la enferma, pues la influencia de la temperatura ambiental en la mujer facilitará la humedad o la sequedad y favorecerá el exceso o la carencia de flujo.

En la mujer el equilibrio humoral se mantiene por la menstruación, como medio de eliminar las superfluidades* procedentes de la alimentación y del exceso de humedad propio, pues al ser la mujer fría carece del calor necesario para eliminarlas. Calor que sí tienen los varones y que junto a su vida de trabajo y ejercicio, favorece la eliminación del exceso de humedad, no así las mujeres cuya vida es más ociosa.

Por naturaleza, la mujer es fría y húmeda a diferencia del varón que es seco y caliente, por lo que el exceso o defecto de menstruación le lleva a la enfermedad: *"cuando las reglas son muy abundantes se presentan*

enfermedades y si no hay reglas, las enfermedades vienen de la matriz", dice Hipócrates en sus aforismos[29].

Galeno continúa con la tradición hipocrática siguiendo la teoría de los cuatro humores (sangre, flema o pituita, bilis amarilla y bilis negra), que según predomine uno u otro da lugar a cuatro temperamentos. Diferencia entre lo útil y lo superfluo en función de la práctica médica. Para él, lo importante es observar los humores y aplicar las sustancias contrarias como remedio. Si mejora, el diagnóstico científico ha sido acertado. Si no mejora, el diagnóstico es erróneo.

Basa su obra en el diagnóstico y el pronóstico. Siendo el pronóstico[30] la base del prestigio social del médico[31], en este aspecto están todos de acuerdo con él, tanto los médicos griegos como los medievales. Por eso son tan frecuentes en sus obras las referencias a las posibilidades de curación o no. Si no existe esta posibilidad el médico debe abstenerse de tratar a ese enfermo. La medicina tiene unos límites fijados de antemano, de modo que si el pronóstico no es favorable a la curación, el médico no debe actuar.

Hasta el siglo XX no será la curación el principal objetivo de la medicina y la base de su prestigio social. En una sociedad cada vez más tecnificada y al ser considerada la salud como un derecho, con unos costes económicos cada vez más altos, el pronóstico no tiene sentido, sino la curación (de aquello que sea posible) y mejor todavía la prevención; algo impensable en las sociedades grecorromanas o medievales en las que la curación de enfermedades graves no era posible.

Galeno dedica el Libro I de su obra *Sobre la localización de las enfermedades* a explicar el procedimiento que debe seguir el médico en el ejercicio de sus funciones, que, esquemáticamente, es el siguiente:

1) La parte afectada se descubre por:

Las sustancias que se evacuan.
La naturaleza de estas sustancias.
Las excrecencias (por ejemplo una costra).
Los indicios, cuando una sustancia se encuentra en un lugar ajeno a su naturaleza.
Los síntomas actuales y antiguos, mediante la observación y el interrogatorio, también las causas externas ambientales y los sueños.

2) Pautas de trabajo del médico:

---

[28] HIPÓCRATES: *Tratados hipocráticos Libro IV.* Trad. y notas O. Sanz Mingote, introducción e índices J.A. Ochoa Anadón. Madrid, 1988, Nat.Mul. 1.

[29] HIPÓCRATES: *Tratados hipocráticos.* Introducción, traducción y notas MªA Hermosín Bono. Madrid, 1996, aforismo nº 57, pp.145-146.
[30] El pronóstico para nuestros autores consiste en demostrar la causa de la enfermedad y adivinar la evolución. *"Él lo confirmó y yo, al verlo pasmado de la admiración, le añadí:*
- Sólo una adivinación más añadiré a las anteriores; voy a decir también qué afección creía tener el enfermo". "Pero un médico hábil, cuando contempla uno de los síntomas que indican la afección y al mismo tiempo el lugar afectado, será capaz de pronosticar otros muchos". GALENO: *Sobre la localización de las enfermedades.* Introducción L. García Ballester, traducción y notas, S. Andrés Aparicio. Madrid, 1977, V 362-367.
[31] BABINI, J.: *Historia de la medicina,* p. 25.

Conocer la sustancia de cada parte (se refiere a los distintos órganos), por la anatomía (no existía la diferencia actual entre anatomía y fisiología).

Conocer su función y relación con las partes cercanas, o sea su situación.

Conocidos los dos anteriores se puede hacer un diagnóstico de las partes afectadas y de sus afecciones.

Cuando se afecta una función es porque la parte que la produce está afectada.

Se realiza el diagnóstico siguiendo dos caminos no excluyentes: la conjetura médica, en la que usa la experiencia, y el diagnóstico científico, donde usa el razonamiento. El signo probatorio es aquel que manifiesta claramente la propiedad de la sustancia afectada.

Galeno intenta corregir el mal uso que hacen del vocabulario médico sus compañeros y distingue entre afección (cuando hay alteraciones anormales) y enfermedad (estados anormales como disposición permanente), y entre lesión simpática (lesión secundaria, la parte afectada sufre por causa de otra parte[32]) y lesión idiopática (o enfermedad primaria).

En su texto *Sobre las facultades naturales. Las facultades del alma siguen los temperamentos del cuerpo*, Galeno acerca, una vez más, la medicina a la filosofía. Basándose en Platón, Hipócrates y Aristóteles, considera a la naturaleza o *physis* poseedora de distintas facultades[33] entre las que se encuentran la reproducción, la formación del feto y el nacimiento. En este trabajo únicamente expondremos las cuatro facultades naturales o secundarias, relacionadas cada una con un órgano y fundamentales para entender el proceso que siguen los humores desde su formación hasta su expulsión. La facultad atractriz que provoca el apetito, y atrae los humores adecuados a cada parte. La facultad transformadora, por la cual el humor se asimila a la parte nutrida, por ejemplo en el hígado esta facultad se llama hematopoyética*, porque es donde se forma la sangre[34]. La facultad retentiva, la parte cuece el jugo atraído, transformándolo en su propia naturaleza. La facultad secretora, después de la cocción expulsa lo inútil.

En el mismo texto Galeno atribuye el movimiento[35] como cualidad propia de los animales, considera el alma como principio vital, pues el movimiento es efecto del alma. El movimiento y la percepción son cualidades propias de los animales, junto al crecimiento y la alimentación que comparten con las plantas. Si el movimiento es efecto del

alma, las segundas son efecto de la naturaleza. Así los animales son gobernados por el alma y por la naturaleza.

Galeno retoma la naturaleza tripartita del alma de Platón y de los pitagóricos, para situar cada una de estas almas en un lugar anatómico:

1) El alma racional o lógica, en el cerebro, es la parte más alejada de los animales y más cercana a los dioses. Prima al cerebro sobre el corazón, éste sirve para proporcionar sangre al cerebro[36]; Platón también la sitúa en la cabeza alejada del resto del cuerpo por un istmo, el cuello.

2) El alma irascible, en el corazón, es parte mortal pero más noble que la siguiente. Está situada en el tórax cerca de la cabeza, alberga la valentía, la fuerza de ánimo, la belicosidad.

3) El alma concupiscible, en el hígado, en el abdomen para Platón, es la parte relacionada con la comida, bebida, sexo, nacimiento y todo cuanto necesita el cuerpo debido a su naturaleza[37]. Se le acondicionó este lugar a modo de establo alejado de la cabeza, zona de pensamiento y de toma de decisiones, para que no molestara, ya que en ella no existe el razonamiento. Por eso se le enjauló como a una bestia salvaje.

Estas posiciones del alma irascible y concupiscible, la valentía y las necesidades humanas (comida, bebida, excretas, sexo…) en dos lugares separados por el diafragma[38], tiene connotaciones muy distintas: el tórax como zona noble (para Aristóteles) y el abdomen donde se alojan los órganos de la alimentación, de los excrementos y el útero. Platón compara estos compartimentos con las habitaciones separadas de las mujeres y de los hombres.

Para Galeno la salud está afectada por varios factores[39]:

1) Factores externos:

a) Cosas no naturales, son los factores ambientales considerados adquiridos, cuya existencia desproporcionada podía producir enfermedades. Son el aire, ejercicio y descanso, sueño y vigilia, comida y bebida, excreción y retención de cosas superfluas, pasiones o perturbaciones del espíritu.

---

[32] GALENO: *Sobre la localización de las enfermedades*, I 48 y ss.
[33] La facultad es la causa operante, aquello que produce la actividad. Es la causa del movimiento activo. Véase GALENO: *Sobre las facultades naturales. Las facultades del alma siguen los temperamentos del cuerpo*. Madrid, 2008, I 16 y ss. GALENO: *Sobre la localización de las enfermedades*, V 367 y ss.
[34] GALENO: *Sobre la localización de las enfermedades*, V358.
[35] El movimiento no se refiere, exclusivamente al traslado o al cambio de posición del cuerpo, como lo entendemos ahora, sino también fenómenos de alteración y modificación. Véase GALENO: *Sobre las facultades*, I 1 y ss.

[36] BRUNSCHWIG, J. y LLOYD, G.: *El saber griego*, p. 489.
[37] PLATÓN: *Timeo*. Traducción, introducción y notas J.M. Pérez Martel. Madrid, 2004, 69d-e, 70a-e.
[38] ARISTÓTELES: *Obra biológica*. 672b: "*Para esto, la naturaleza ha establecido una separación mediante la creación del diafragma como tabique y barrera, y ha distinguido lo más preciado de lo menos preciado en aquellos animales en los que se puede separar lo superior de lo inferior. Lo superior existe para aquello que es mejor, mientras que lo inferior existe para lo superior y por necesidad, como receptáculo del alimento*".
[39] LÓPEZ PIÑERO, J.Mª.: *La medicina…* pp.101-102

b) Cosas naturales, son el cuerpo, sus partes y sus facultades.[40]

c) Cosas contranaturales, la unión de los dos anteriores lleva a ésta. Son la enfermedad, sus causas y sus síntomas*.

2) Factores internos:

Son la constitución del individuo y la mezcla de humores.

ESCUELAS GRIEGAS DE MEDICINA

El conocimiento y la actividad médica que hemos comentado en páginas anteriores, así como los autores antiguos, suelen aparecer agrupados en torno a escuelas que establecen una base teórica sobre la que apoyan su práctica. Las primeras, las escuelas griegas, son el origen y guía de los médicos latinos y medievales, ejerciendo una gran influencia sobre las escuelas posteriores, lo cual posiblemente evitó o dificultó la aparición de nuevas ideas. Para los autores medievales, su mérito radicaba tanto en su antigüedad como en la sabiduría que se suponía a sus fundadores y seguidores grecorromanos.

La medicina griega, desde sus orígenes hasta el siglo III d.C., ha pasado por muy variadas etapas que reflejan la evolución de la sociedad a través de la medicina. Desde los remedios mágicos y los de la sabiduría popular que nos transmite Homero, junto a la medicina de los templos, con la *incubatio*[41] como forma de sanación propiciada directamente por Asclepio (periodo denominado por Laín Entralgo como etapa pretécnica), hasta la etapa presocrática hay un largo camino, no en el de la curación, que es mucho más lento, sino en el de la doctrina. Ya no se buscan los remedios en las causas sobrenaturales sino en la propia naturaleza. Estamos en la fase de los filósofos [42] fisiólogos, o filósofos de la naturaleza que buscan una explicación racional a la misma.

En el siglo VI a.C nace la escuela médica de **Cnido**. Son sus fundadores Califonte, Demócedes, Eurifonte, Heródico, Ctesias y Escrión. Es una escuela teórica que se basa en la experiencia, orientada más hacia el estudio de la enfermedad (con descripciones minuciosas) que al enfermo real[43]. Reconocen solo dos humores, bilis y pituita. Los tratamientos se caracterizan por la rudeza mecánica y el uso de la leche como remedio para todo. Usa productos extraños de la medicina popular, purgantes y multiplicidad de fórmulas y preparaciones.

Junto a esta escuela, a partir del siglo V a.C., aparece la de **Cos**, que también se basa en la observación y en la experiencia, pero se centra en el enfermo como ente individual. Se ocupa más de la patología que de la clasificación y descripción minuciosa de las enfermedades. A esta escuela se debe la invención del diagnóstico. Acepta cuatro humores, sangre, pitutita, bilis amarilla y bilis negra. Los remedios son más suaves y cautelosos en su indicación.

La colección de escritos atribuidos a Hipócrates (*Corpus Hippocraticum*), fue elaborada a lo largo de varios siglos (durante seis siglos desde mediados del siglo V a.C.) por varias generaciones de médicos. Estos tratados hipocráticos forman parte de las escuelas de Cnido y de Cos, reflejándose ambas en ellos[44]. En particular, los *Tratados ginecológicos* de este autor pertenecen a la escuela de Cnido, se caracterizan por la multiplicidad de fórmulas y preparaciones, abundante uso de la farmacopea y tratamientos agresivos como la sucusión*.

Hipócrates tuvo muchos seguidores. Su obra es la representación de la tradición, enlaza conocimientos egipcios y orientales con el helenismo y con siglos posteriores pues ha estado vigente de alguna forma hasta el siglo XVIII, pudiendo rastrearse citas y alusiones a Hipócrates o mejor dicho al *Corpus Hippocráticum* hasta este momento, bien del original, bien de sucesivas traducciones[45].

Hipócrates por J.G de Lint

La escuela **Dogmática** fue fundada en Atenas por Diocles de Caristia en el año 380 a.C. Son seguidores de la línea humoralista de Hipócrates y de la escuela de Cos, así como de la metodología aristotélica. Es una medicina teórica que sigue la teoría pneuma-esperma. Entre sus seguidores se incluyen a Galeno, Sátiro, Estratónico y Eficiano.

---

[40] Véase nota 33.

[41] El enfermo después de los ritos de purificación, dormía en el templo de Asclepio y el dios en sueños le hacía saber el remedio para su mal.

[42] Tales de Mileto, Anaximandro, Pitágoras, Alcmeón, Parménides de Elea, Heráclito de Éfeso, Empédocles de Agrigento, Anaxágoras de Clazomenas, Demócrito de Abdera y Diógenes de Apolonia, ninguno de ellos médico, excepto Alcmeón. LAÍN ENTRALGO, P.: *Historia de la medicina*, p. 66.

[43] LÓPEZ PIÑERO, J.Mª.: *La medicina...*, p. 73.

[44] Véase LAÍN ENTRALGO, P.: *Historia...*, pp. 60-61.

[45] SANTILLANA PÉREZ, M: *La vida: nacimiento, matrimonio y muerte en el partido de Cáceres en el siglo XVIII*. Salamanca, 1992, p. 46.

La escuela de **Alejandría**, entre los siglos IV-III a.C., fue fundada por Herófilo y Erasístrato. Por primera vez se concede importancia a la anatomía, conocimiento fundamental para el saber médico, se hacen disecciones de cuerpos humanos y de animales[46]. Son seguidores de la teoría pneuma-esperma y del atomismo de Demócrito, son antihipocráticos. Galeno sigue su línea en cuanto a la importancia que concede a la anatomía.

A principio del siglo II a.C. surge en Alejandría la escuela **Empírica**, fundada por Filino de Cos, discípulo de Herófilo. Supone una involución respecto a su maestro: se abandonan las disecciones, basando su cuerpo doctrinal en la experiencia y en la observación, obteniendo los resultados por analogía. Los remedios son de tipo mágico-popular, y se practica la cirugía. A diferencia de la escuela anterior, hay un acercamiento a los postulados hipocráticos[47].

Por influencia del pensamiento estoico[48], surge la escuela **Pneumática**, en el siglo I a.C, fundada por Ateneo de Atala, discípulo de Posidonio de Apamea (filósofo de la Stoa Media). Se basa en el estoicismo y en la escuela Dogmática. Acepta la teoría humoral pero supeditándola a la del pneuma[49] (los átomos son dinamizados por un elemento externo existente en el aire -pneuma- difundido por el cuerpo a través de las arterias). Deriva hacia el eclecticismo. Sus seguidores son: Heliodoros, Galeno, Rufo y, a través de éstos, los médicos árabes.

La escuela **Metódica** fundada por Themison de Laodicea en la segunda mitad del siglo I a.C[50], influido por el pragmatismo romano. Su principal idea es que la enfermedad es el desarreglo en la disposición de los átomos. No poseen conocimientos anatómicos y el diagnóstico se basa en la observación clínica del enfermo. Es contraria a la teoría de los humores[51]. Sus médicos emplean como remedios la hidroterapia y la gimnasia. Tratan la patología ginecológica. Son seguidores: Tésalo, Temisón, Sorano (con él la medicina medieval cristiana) y Celio Aureliano

La escuela **Ecléctica** de finales del siglo I d.C. Se apropia de lo que le gusta de otras escuelas. Se basan en la experiencia clínica, los remedios consisten en expulsar el humor excesivo, con vómitos, sangría y purgas. Son seguidores: Rufo, Celso, Areteo de Capadocia, Galeno, Celio Aureliano y Alejandro de Tralles. . Las escuelas de Alejandría y la Metódica se separan de la línea marcada por Hipócrates, las otras siguen su teoría humoralista y su idea de la naturaleza.

ESCUELAS MEDIEVALES DE MEDICINA

Desde el siglo II d.C. la medicina antigua junto, al resto del pensamiento grecorromano, es atacada o aceptada (no sin purgar en aquello que no coincide con la nueva doctrina) por sus continuadores cristianos, tanto de Oriente como de Occidente. Los textos médicos son traducidos, comentados y adaptados, aunque estamos ante el fin de una época para la medicina: a este respecto, no deja de ser significativo el cierre de la Academia de Atenas en el año 529.

La visión del cuerpo humano cambia de forma radical en esta nueva etapa: ahora no es la belleza sino el pecado, lo que se ve en él. Lógicamente, al ser el cuerpo el objeto de estudio de la medicina las nuevas ideas afectarán de manera especial a esta actividad.

En el plano religioso, en estos primeros siglos los Padres de la incipiente Iglesia Cristiana elaboraron una doctrina en la que se exaltaba la continencia y la castidad frente al sexo, incluso dentro del matrimonio. El sexo es el castigo por el pecado original[52] y aquí aparece Eva, la causante de ese desaguisado que convierte al hombre, otra vez tras Pandora, en mortal y pasto de enfermedades. La relación Eva-pecado-castigo/sexo-varón, será una constante a lo largo del medievo. Ahora no es el bello mal, inocente de sus actos inducida por los dioses para vengarse del varón, sino la culpable del pecado original. Lo pagará a lo largo de la historia, en su cuerpo, en su sexualidad y en su salud.

Los cristianos exaltan la virginidad, los judíos la fecundidad y los musulmanes el dominio y todos ellos comparten la misma visión negativa de la mujer que se arrastra al menos desde Aristóteles, cuya influencia sigue vigente en las religiones monoteístas, primero en la musulmana y posteriormente, cuando sea traducido al latín, en la cristiana.

Desde los siglos VI al X, la medicina será ejercida fundamentalmente por religiosos (junto a algunos seglares) y todo el saber quedará encerrado en los monasterios. Su principal objetivo estaba más cerca de la salvación del alma que del conocimiento del cuerpo y la curación de sus enfermedades, actividades estas últimas que además se verán perjudicadas por la creencia de que la sucesión enfermedad-curación-salud depende de los designios de Dios y no de la intervención de los hombres.

Cabanes Jiménez, sin embargo, no considera que esta medicina sea pretécnica o empírico-mágica, pues la ciencia griega ha dejado su poso en la ciencia posterior, pero tampoco la considera medicina técnica como la grecorromana, pues hay una disminución de los saberes médicos con respecto al pasado. El uso de supersticiones religiosas y la mentalidad ordálica de las curaciones médicas (la enfermedad es una prueba que envía Dios)

[46] Incluso se hacían vivisecciones humanas de condenados. Véase BRUNSCHWIG, J. y LLOYD, G.: *El saber griego.*, p. 332.
[47] BABINI, J.: *Historia de la...*, pp. 32-33.
[48] LAÍN ENTRALGO, P.: *Historia de...*, p. 62
[49] BABINI, J.: *Historia de...*, p. 37.
[50] LÓPEZ PIÑERO, J.Mª.: *La medicina...*, p. 93.
[51] BABINI, J.: *Historia de la...*, p. 34.

[52] LÓPEZ-BARALT, L.: *Un Kama Sutra español.* Madrid, 1992, pp. 102-104.

hace que esta medicina esté más cercana a la *incubatio*[53] que a Galeno, por todo esto la denomina cuasitécnica[54].

El contacto con el mundo árabe modifica esta tendencia de la medicina occidental latina, al acercarla a los textos antiguos, traducidos al árabe tempranamente y de este idioma al latín y a las lenguas romances a partir del siglo XI, a veces incluso pasando a través del hebreo a partir del XII. En algunos casos el original, desde el punto de vista de la lengua, de las ideas, de las tradiciones y de la religión, se diluye modificándose el texto, aunque no en lo sustancial: se suceden los argumentos para explicar una enfermedad, los remedios para curarla y los pronósticos.

A final del siglo XII aparece en Occidente un *corpus* de literatura médica escrita en hebreo, en el que se contiene ya algunas obras sobre la mujer. En esta misma época (finales del XII) se hace la versión latina de la obra completa de Aristóteles y a partir del siglo XIII, con la inclusión de las obras de Aristóteles en las universidades, se atribuye (de forma científica) al cuerpo femenino, siempre imperfecto, la capacidad de hacer daño[55]. Continúa esta labor Alberto Magno con su pequeño tratado sobre las cosas de mujeres, *Secreta mulierum,* que entre otros circularon con el título sugestivo de secretos sobre los genitales y la sexualidad femeninos. Éste de Alberto Magno se atribuye a Trótula. En fin, el *corpus* médico latino medieval produjo una abundante literatura sobre ginecología, no así en la tradición árabe cuya producción, aunque existente, es menor y está dentro de sus amplios tratados.

Las fuentes principales para el estudio de las enfermedades femeninas son Hipócrates y Sorano entre los médicos latinos. En el mundo árabe es Galeno. Entre los judíos, a partir del siglo XIII será Sorano a través de Muscio, su traductor y comentador. A su vez Galeno pasará a la tradición latina a través de las traducciones del árabe al latín, pero a partir del XII estas influencias serán desplazadas por los textos de Trótula de Salerno[56], traducidos y comentados por otros médicos.

En todo este proceso los traductores, médicos o no, desarrollaron un papel muy importante en la cadena de transmisión de los saberes, favorecidos por la creación de la Escuela de Traductores de Toledo. Fueron ellos los que pusieron en contacto la medicina medieval latina con la griega antigua a través de la árabe: por ejemplo, Gerardo de Cremona tradujo en Toledo el *Canon* de Avicena en 1187, el *Liber ad Almansorem* y el *Liber de divisionibus*

de Razes, junto al *Tratado quirúrgico* de Albucasis, mientras que un personaje legendario, Constantino el Africano, un siglo antes, había dado a conocer el galenismo a la Europa cristiana con sus traducciones del árabe al latín de las obras de Galeno e Hipócrates, poco a poco la incipiente medicina occidental vuelve a ser ejercida por médicos[57].

Con el progresivo abandono de las actividades docentes por los monasterios, fueron surgiendo las escuelas catedralicias o capitulares, dependientes del obispo. Éstas coincidieron con las escuelas laicas (llamadas así por no ser una fundación religiosa) que podían ser privadas, municipales, fundaciones reales o refundación de una escuela catedralicia. Y es aquí donde encontramos el origen de las más importantes escuelas en la historia de la medicina medieval: la de Salerno y la de Montpellier.

La escuela de **Salerno**, se funda a comienzos del siglo X, teniendo su máximo apogeo entre los siglos XI y XII. Es una escuela médica laica (no fundada por la iglesia, pero dentro de una sociedad religiosa), de carácter docente y asistencial, en la que parece ser que se admiten mujeres, entre sus profesores y estudiantes[58], si bien solo se tiene conocimiento de Trótula.

La medicina como parte teórica y la cirugía (a partir del XII) como parte práctica no se separaron. Hacen disecciones humanas. Se fundamenta en el empirismo y la observación, sigue la teoría de los humores, se comenta a Hipócrates, Galeno y Dioscórides entre los antiguos, a Constantino el Africano como traductor y comentador de los textos grecorromanos desde los textos árabes; y a Isaac el Judío, Razes, Haly (Ali) Abbas, Ibn al-Gazzar, Garioponto, Trótula de Salerno, Petroncellus, Ricardo Salernitano… entre los coetáneos. La obra más famosa de esta escuela es *Regimen sanitatis Salernitanum*, dedicada a la dieta, que representa un referente de las escuelas médicas europeas desde el siglo XIII.

La escuela de **Montpellier** se funda en el siglo XII. Continuadora de la anterior de la que heredó su prestigio, tiene su periodo de apogeo en el siglo XIV. Sus conocimientos se apoyan en el mundo greco-latino - Hipócrates, Aristóteles, Galeno y Dioscórides- y en la teoría de los humores, por lo que se la consideraba la nueva Cos. No obstante, también utilizó los conocimientos transmitidos por el mundo judeo-arábigo. Incluso es posible que su fundación estuviese en manos hebreas, que fueron las que permitieron la traducción del árabe al latín. Se estudia a Mesué, Serapion, Iohannitius, Isaac el Judío, Razes, Haly Abbas, Avicena, Abulcasis, Averroes, Avenzoar, y Maimónides. Autores compartidos por todas las escuelas medievales de medicina.

Médicos famosos de esta escuela son Bernardo de Gordonio y Arnaldo de Vilanova. Sin embargo en ella

---

[53] Véase nota 41.

[54] CABANES JIMÉNEZ, P.: "La Medicina en la Historia Medieval cristiana". *Revista Espéculo*, nº 32. 2006. Expone esta cuestión sin citar a LAÍN ENTRALGO, P.: *Historia de…*, p. 187.

[55] CABALLERO NAVAS, C.: "Percepciones del cuerpo femenino en la literatura médica hebrea medieval", *XIII Coloquio Internacional de la AEIHM* , 2006.

[56] CABALLERO NAVAS, C.: "Un capítulo sobre mujeres. Transmisión y recepción de nociones sobre salud femenina en la producción textual hebrea durante la Edad Media", *Revista MEAH, Sección Hebreo*, 52, 2003, pp. 135-162.

[57] LÓPEZ PIÑERO, J.Mª.: *La medicina…*, p. 140.

[58] CABANES JIMÉNEZ, P.: "La Medicina en la Historia Medieval cristiana". http://www.ucm.es/info/especulo/numero32/medicime.html.

también se enseña astrología, se tiene en cuenta el poder curativo de los líquidos orgánicos (sangre menstrual, la leche, excrementos…) y sus médicos hacían rezos para curar[59]. Más teórica que la de Salerno, a mediados del siglo XIV se inician los estudios de anatomía, con Pedro Hispano, Henri de Mondeville y Guy de Chauliac, tomando el relevo en este campo a las escuelas de Salerno, Bolonia y París.

Estas dos escuelas se caracterizan por su independencia del poder religioso, que les permitió ejercer una medicina práctica (disecciones), pero por supuesto dentro de las normas dictadas por la Iglesia[60].

En Occidente los textos médicos son breves, pueden ser en forma de preguntas, usan como fuentes a Hipócrates y Sorano, pero también a Galeno y Aristóteles. Por influencia árabe hay tratados de carácter erótico, camuflados en textos médicos, que suelen ser traducciones de textos árabes realizadas por autores anónimos: *Speculum al joder* de Constantino el Africano, *Liber de coitu, Liber minor de coitu,* tratado perteneciente a la escuela de Salerno. Dentro de otras obras de carácter eminentemente médico aparecen siempre al final conocimientos sobre cosmética. En Oriente, por el contrario, los textos son amplios, enciclopédicos, y su principal fuente es Galeno. Las ginecológicas no son frecuentes como obras sueltas, pero sí formando parte de otras más extensas, y se basan en Sorano.

---

[59] BERNARDO DE GORDONIO: *Lilio de medicina,* LII, p. 3610.
[60] CONDE PARRADO, P., MONTERO CARTELLE, E., HERRERO INGELMO, M.C.: *Tractatus de conceptu. Tractatus de sterilitate mulierum.* Valladolid, 1999, p. 13.

CAPÍTULO II

TEXTOS

EL DOMINIO DEL CUERPO FEMENINO COMO EJERCICIO DE PODER
(a través de textos médicos clásicos y medievales)

SUMMARY

In this paper we will analyze nine medical treatises and one on biology, all of which were written between the fifth century bc and the sixteenth century ad. Although we cover a wide time period and a wide variety of authors in terms of their historical period and beliefs, it is clear that when it comes to content there are more similarities than differences amongst the authors. Our authors demonstrate a similar approach to the concept of the feminine: their diagnoses and prognoses are often literal copies of their predecessors, who they usually cite. The treatments have minor variations, which can be owed to the adaptation of the existing products and to the way of life of the period.

The authors we deal with, except for Aristotle, are all doctors, they are associated to a medical school and they have a large bibliography. They are all teachers of subsequent generations of doctors. Finally they are well known and recognized for their writings and for the authority that they offer.

RESUMEN

A lo largo de este trabajo analizaremos nueve tratados médicos y uno sobre biología, que en conjunto abarcan desde el siglo V a.C. hasta el XVI d.C. Aunque comprende un periodo de tiempo muy amplio y con autores muy dispares en cuanto a épocas y creencias, lo cierto es que en cuanto a su contenido son más las similitudes que las diferencias. Todos ellos manifiestan un pensamiento similar respecto al concepto de lo femenino: sus diagnósticos y pronósticos a veces son copias literales de los anteriores, a los que suelen citar, los tratamientos tienen pequeñas variaciones, debidas a la adaptación de los mismos a los productos existentes y a los tipos de vida de cada momento.

Los autores tratados, excepto Aristóteles, son médicos, están asociados a una escuela de medicina y tienen una numerosa bibliografía. Todos son maestros de generaciones posteriores de médicos, son conocidos y reconocidos por sus escritos y por la autoridad que estos les brindan.

TEXTOS

A lo largo de este trabajo analizaremos nueve tratados médicos y uno sobre biología, que en conjunto abarcan desde el siglo V a.C. hasta el XVI d.C. Aunque comprende un periodo de tiempo muy amplio y con autores muy dispares en cuanto a épocas y creencias, lo cierto es que en cuanto a su contenido son más las similitudes que las diferencias. Todos ellos manifiestan un pensamiento similar respecto al concepto de lo femenino: sus diagnósticos y pronósticos a veces son copias literales de los anteriores, a los que suelen citar, los tratamientos tienen pequeñas variaciones, debidas a la adaptación de los mismos a los productos existentes y a los tipos de vida de cada momento.

Los autores tratados, excepto Aristóteles, son médicos, están asociados a una escuela de medicina y tienen una numerosa bibliografía. Todos son maestros de generaciones posteriores de médicos, son conocidos y reconocidos por sus escritos y por la autoridad que estos les brindan.

1.- Del siglo V-IV a.C. hemos estudiado el libro IV de **los Tratados Hipocráticos**, que contiene los tratados ginecológicos sobre las enfermedades de las mujeres (en dos libros), sobre las mujeres estériles, las enfermedades de las vírgenes, la superfetación*, la excisión del feto y la naturaleza de la mujer.

Es un extenso y complejo texto médico, dedicado exclusivamente a la ginecología, que forma parte del *Corpus Hippocraticum*, con más de sesenta escritos, atribuidos a Hipócrates, más como autoría moral que real, pues es una obra anónima conseguida por el aporte de médicos, desde el siglo V a.C. hasta el II d.C. Escrito en dialecto jonio, posiblemente procedan de la biblioteca de la escuela de Cos y pasarían junto a las obras de otros médicos, a la Biblioteca de Alejandría en el siglo III a.C.

Tratan sobre deontología, anatomía, fisiología, dietética, patología general, cirugía, oftalmología, ginecología y pediatría. Estos tratados han sido estudiados y comentados desde los médicos de la Escuela de Alejandría, como Herófilo, y posteriormente por Galeno y Celso entre otros, hasta los médicos árabes, estando vigentes sus teorías hasta el siglo XVIII.

Este tratado ginecológico, es un texto muy amplio, desordenado y repetitivo, que incide constantemente en las mismas enfermedades. Esta dirigido a los médicos, por los tratamientos y pronósticos y otros consejos, pero también a las comadronas y a las propias mujeres, a la hora de hacer las exploraciones y describir los síntomas.

En todos sigue un esquema similar, describe los síntomas en algunos casos muy expresivamente, los tratamientos de forma muy extensa, estableciendo varios para cada enfermedad, con explicaciones minuciosas de su preparación y empleo.

Los fármacos proceden del mundo vegetal, mineral y animal, siendo muy frecuentes los tratamientos mágicos-supersticiosos -*"Otro pesario* [se indica en uno de ellos] *igualmente purificador que es capaz de hacer expulsar el corion*, bajar la regla y hacer salir al feto paralítico: cinco escarabajos trigueros, quitarles las alas, las patas y la cabeza, después...*"[61]- y los violentos -*"... empujar con la mano hacia abajo la matriz separándola del hígado, atar una venda por debajo de los hipocondrios* y, abriéndole la boca a la paciente, introducir en ella vino del más oloroso,...*"[62]-. Aconseja remedios contradictorios para la misma enfermedad.

El pronóstico*, o sea la evolución y resolución de la enfermedad, es el mismo para casi todas las enfermedades: si no es tratada por un médico, la mujer muere o queda estéril (otra forma de muerte, social en este caso), de modo que la única alternativa a la muerte es el tratamiento que prescribe el médico. Si sana, quedará estéril en la mayoría de los casos o bien tendrá una enfermedad crónica, como cojera, ceguera o sordera. De este modo de todas las mujeres que no quieran ser estériles se convertirán en clientes fijos de un médico.

---

[61] HIPÓCRATES: *"Tratados hipocráticos"*. Mul. I 84.
[62] *Ibídem*, Nat. Mul. 3.

JURAMENTO HIPOCRÁTICO

Juro por Apolo médico, por Asclepio, por Higiea y Panacea, por todos los dioses y diosas, poniéndolos por testigos, que cumpliré en la medida de mi capacidad y mi criterio el juramento y compromiso siguiente:

Tener a mi maestro en este arte en la misma consideración que a mis progenitores; compartir con él mis bienes y en caso de necesidad, transmitirle parte de los míos; tener a sus hijos como mis propios hermanos y enseñarles este arte si desean aprenderlo, sin honorarios ni compromiso; transmitir los preceptos, enseñanzas orales y el resto del aprendizaje a mis hijos, a los de mi maestro y a los discípulos comprometidos y juramentados según la ley médica, pero a ningún otro. Haré uso del régimen en beneficio de los enfermos, según mi capacidad y mi recto entender y, si es para su daño e injusticia, lo impediré.

A nadie daré aunque me lo pida un remedio mortal, ni tomaré la iniciativa de proponer una cosa así. Del mismo modo, tampoco proporcionaré a una mujer un pesario abortivo. De forma pura y santa pasaré mi vida y ejerceré mi arte. No cortaré, por cierto, a los enfermos de piedra sino que los dejaré en manos de los hombres que realizan esa práctica. En todas las casas en las que entrare, lo haré en beneficio de los enfermos manteniéndome lejos de toda injusticia voluntaria, y de toda corrupción, en general, y sobre todo del trato amoroso con mujeres u hombres, libres o esclavos.

Todo lo que viere o escuchare en el ejercicio de mi profesión, o fuera de ésta, en relación con la vida de los hombres, si ello no debe ser divulgado jamás, lo mantendré en silencio teniendo tales cosas por secretas.

Por tanto, si cumplo este juramento sin quebrantarlo, que me sea dado disfrutar de la vida y de mi arte, honrado entre los hombres por siempre jamás. Pero, si lo violo y soy perjuro, que mi suerte sea la contraria.

HIPÓCRATES: *Tratados hipocráticos*, pp.85 y ss.

El embarazo puede usarse como remedio terapéutico ante diversas afecciones e incluso a veces es la única alternativa a la muerte. Así frente al pronóstico de muerte o de esterilidad, el médico plantea el embarazo.

Los datos para hacer estos pronósticos* los extrae el médico de lo que le dice la paciente y de las exploraciones que se hace la mujer a sí misma, como tocarse la matriz y el orificio (tal vez la vagina). El texto organiza la información de la siguiente forma:

1.- Los síntomas*, con una descripción breve, aunque a veces se extiende en explicaciones muy detalladas.
2.- Los tratamientos, muy diversos.
3.- Los pronósticos, muy limitados, suelen ser comunes a todas las enfermedades.

2.- *La Reproducción de los animales*, de Aristóteles.
Fechado en el siglo IV a.C., pertenece a los escritos de carácter biológico, junto a obras como *Partes de los animales, Historia de los animales, Sobre el movimiento de los animales* y *Sobre la locomoción de los animales.*

A pesar de la difusión de sus escritos en la Edad Media, esta parte de la producción de Aristóteles carece de rigor científico, incluso ya entre los médicos griegos, que no aceptaban algunas de sus teorías, como la no existencia de esperma femenino, y que dudaban al dar su apoyo a la teoría cardiocéntrica.

A nuestros ojos, estos textos son disparatados, hasta tal punto que lógicamente no son objeto de estudio en el campo de las Ciencias Naturales. El texto está dividido en cinco libros, que tratan principalmente sobre la reproducción y la herencia. Es un texto prolijo y minucioso en el que se abordan todos los animales empezando por los mamíferos, se explican teorías de otros filósofos más antiguos y se presentan las refutaciones del propio Aristóteles.

Si en algún momento hay una contradicción entre la naturaleza y su idea, el autor ofrece explicaciones un tanto incoherentes, como cuando afirma que en los humanos hay más malformaciones entre los machos que entre las hembras. Dada su idea de la superioridad de lo masculino sobre lo femenino, este hecho resulta difícil de aceptar, aunque la evidencia se impone. Para justificar esta contradicción, afirma que el embrión masculino se mueve más y por eso se estropea antes, mientras que el embrión femenino tarda más en diferenciarse por causa de su frialdad. Sin embargo, una vez que nace, la hembra envejece antes que el varón a causa de su debilidad[63]. En realidad, considera al sexo femenino como una malformación natural, incapaz de engendrar, porque entonces el macho sería inútil y la naturaleza no hace nada en vano[64].

El libro I enlaza con otra obra suya, *Partes de los Animales*, de la que es continuación, trata sobre la distinción entre macho y hembra, en la que no olvida la anatomía y fisiología de los aparatos genitales de ambos, el esperma y las teorías que hay sobre su formación. Concede una gran importancia a detallar el papel de cada sexo en la reproducción.

En el libro II trata sobre la diferenciación sexual, los diversos modos de reproducción, la fecundación y el desarrollo del embrión (donde expone su teoría cardiocéntrica) y las causas de la esterilidad.

En el libro III explica la reproducción de los ovíparos, cefalópodos, crustáceos, insectos y testáceos[65]. Refuta la idea muy antigua del hermafroditismo de la hiena, pero después explica la generación espontánea.

En libro IV habla sobre la diferenciación sexual y la herencia, sobre las malformaciones, incluida la de los humanos, la superfetación*, la mola*, la formación de la leche, el parto y la gestación. En el libro V sigue con la herencia (color de los ojos, sentidos…)

Cita a Empédocles (para criticar su idea sobre el aporte de ambos progenitores), a Ctesias de Cnido (sobre el esperma de los elefantes), a Heródoto le llama fabulador (porque dice que el esperma de los etíopes es negro o los peces conciben al tragarse la lecha), a Alcmeón de Crotona (por decir que el alimento de los polluelos es lo blanco del huevo -la clara-, no lo amarillo), a Herodoro de Heraclea (sobre el hermafroditismo del *tróchos*, - animal desconocido-), a Anaxágoras (sobre la formación y diferenciación del macho y de la hembra), a Demócrito (porque la diferenciación macho/hembra, depende de la prevalencia del semen de uno de los padres), a Leófanes (a propósito de la realización de la cópula con un testículo atado para engendrar machos o hembras, según sea atado el derecho o el izquierdo).

3.- *Sobre la localización de las enfermedades* de Galeno.
Fechada en el siglo II d.C., esta obra está formada por seis libros con varios capítulos cada uno, entre seis y quince. El Libro VI en el capitulo cinco trata sobre las enfermedades del útero y el sexto sobre las enfermedades de los varones.

Las descripciones anatómicas son muy precisas cuando se trata de los aparatos respiratorio, urinario y el sistema nervioso: puede leerse, por ejemplo que *"todo el mundo está de acuerdo en que el pulmón recibe sangre desde la cavidad derecha del corazón a través de un solo vaso"*[66]. Habla de anatomía y hace constantes referencias a las disecciones[67], pero no a los humores; se basa en las observaciones hechas en sus disecciones y en las causas de la enfermedad, pone numerosos ejemplos de casos clínicos, los tratamientos son cortos y poco explícitos dedicados a los médicos, que ya los conocen, por lo que

---

[63] ARISTOTELES: *Reproducción de los animales ...* , IV, 775a, 5-20.
[64] *Ibídem*, II, 741b, 1-5.

[65] Animales con concha.
[66] GALENO: *Sobre la localización...* V 319
[67] *Ibíd.*, IV 273

no parecen ir dirigidos a las mujeres. Cita a Hipócrates, Arquígenes de Apagea (IId.C.), Erasístrato de Yúlide (IIIa.C.) y a sí mismo.

Sus conocimientos sobre anatomía le sirven para echar por tierra teorías antiguas de autores reconocidos y respetados, pero absurdas como la del útero errante de Platón[68].

4.- *El libro de la generación del feto, el tratamiento de las mujeres embarazadas y de los recién nacidos (Tratado de Obstetricia y Pediatría hispano árabe del siglo X)*, de Arib Ibn Said. Este autor, un cordobés del siglo X, inicia el libro con una extensa alabanza a Dios y a Al-Hakan, con las formulas de rigor sobre la creación del hombre: *"Él inició la creación del hombre a partir del barro. Después colocó su descendencia en una despreciable gota de agua. Luego lo modeló y le influyó parte de Su Espíritu"*[69].

Divide el libro en quince capítulos para favorecer su comprensión, estando los tres primeros dedicados al semen, a la anatomía y fisiología femenina y masculina; los dos siguientes tratan sobre la fecundación y la formación del feto; sexto y séptimo se centran en el embarazo; octavo y noveno sobre el parto, que describe minuciosamente, y la lactancia; del décimo al decimoquinto los dedica a describir los tratamientos y cuidados del niño, desde que nace hasta la pubertad.

Basa sus teorías sobre el origen del ser humano en Aristóteles, y también hace continuas referencias a Hipócrates y Galeno, transcribiendo largas citas de sus obras, con lo que demuestra que tuvo acceso a estos escritos. El autor se considera seguidor de los médicos antiguos, pero también de los árabes (diferencia a los griegos de los contemporáneos), a los que hace continuas referencias, sobre todo en los capítulos referidos a la fecundación, embarazo y parto. No obstante, también hace constantes alusiones a la medicina popular llena de tópicos. Los hechos no razonables los comenta citando la fuente, los sabios antiguos, o incluso dando nombres y textos para justificarlo. En general, sostiene el principio de autoridad como fórmula de conocimiento: a su juicio, el crédito que merecen las personas que lo cuentan es la garantía de la autenticidad de la noticia[70].

Creación de Adán y Eva. Miguel Ángel. Capilla Sixtina.
Dios crea directamente al varón, el artista le representa frente a Dios, en una situación de igualdad, en cambio la mujer sale de la costilla del hombre, es representada también frente a Dios pero en una posición de sumisión; la actitud de éste no es abierta y de acercamiento como el anterior, más bien de alejamiento y de reproche.

Da muchas recetas, algunas muy laboriosas, principalmente para la elaboración de alimentos, farmacopea y productos de la superstición popular con los que tratar esterilidad masculina y femenina. Al final de los capítulos dos, tres y cuatro incluye los tratamientos utilizados por las mujeres de la India, que consiste en alimentos y medicinas. Al final del último capítulo da tratamientos más cosméticos que sanitarios.

5.- *Sefer ha-toledet: Les infortunes de Dinah: Le libre de la génération. La ginecología juive au moyen âge del siglo XI.* Su fuente es la *Ginecológica* de Sorano, a través de la traducción que hizo Muscio al latín, en el siglo VI. A principios del siglo XI fue traducida al hebreo por un traductor anónimo de Provenza[71].

Se inicia el libro con una introducción en la que como es habitual, alude a Dios y a la creación del hombre a partir de la tierra y de un soplo de vida, muy similar al anterior. Los varones, nombrados como hijos de Dios, consideran a las mujeres buenas, a éstas las cita como hijas de los hombres. A partir de aquí, aparece el personaje femenino, Dinah, quien tras afirmar que acepta su carga (se entiende que el ser mujer) inicia un diálogo con su padre, al que le

---

[68] PLATÓN: *Timeo*, 91c.
[69] ARJONA CASTRO, A.: *El libro de la generación del feto, el tratamiento de las mujeres embarazadas y de los recién nacidos (Tratado de Obstetricia y Pediatría hispano árabe del siglo X). Arib Ibn Said.* Córdoba, 1983. p. 21.
[70] ARJONA CASTRO, A.: *El libro de...*, pp. 77-78.

[71] BARKAÏ, R.: *Les infortunes de Dinah: Le libre de la génération. Le gynécologie juive au moyen âge.* París, 1991, pp.117 y ss.

hace preguntas muy ingenuas sobre los problemas de mujeres, todo ello relacionado con la fisiología femenina. Éste le contesta haciendo referencia a los médicos y sabios (religiosos) antiguos, y aludiendo a las parteras en todo lo relativo al parto, a las exploraciones y a los tratamientos.

Tiene similitudes con el libro anterior en cuanto a la estructuración del primer libro. Todo lo que rodea al parto, cómo se lleva a cabo, las comadronas que participan, incluso su posición es muy parecido al anterior, lo cual nos puede indicar que las técnicas del parto son iguales[72], sea cual sea el grupo religioso al que pertenezcan, la parturienta y la partera. Asombran estas detallistas descripciones hechas por médicos, que no asistían al parto.

El libro segundo trata las enfermedades de la mujer: interrupción de la menstruación y abundancias de reglas; calentamiento, inflamación, inclinación o gangrena de la matriz; salida del semen femenino; esterilidad; problemas en el parto, y algo que no aparece en las otras obras, hipertrofia del clítoris.

6.- *Tractatus de conceptu*. Texto de carácter práctico, escrito sobre el siglo XIV[73]. No tiene autor conocido, posiblemente fuera escrito por un médico anónimo, pero se atribuye a médicos reconocidos (Arnaldo de Vilanova, Jean Jacme y Pierre Nadille), para así asegurar su difusión, práctica empleada desde los tiempos de Hipócrates.

Se basa en las ideas del *Corpus Hipocrático* y de Galeno (hace continuas referencias a ambos), comentados por los médicos árabes y hebreos. Está dentro de la tradición de la Escuela de Montpellier y basado, como todos los tratados de la época, en el *Lilio Medicinae* de Bernardo de Gordonio.

Se inicia con una fórmula en la que establece que Dios creó los sexos distintos con un fin procreador. Achaca la esterilidad a varones y mujeres o a ambos, pero sobre todo a las mujeres, por lo que el autor "*conmiserado de su padecimiento*" (la esterilidad) escribe esta obra, como lo hicieron Hipócrates y otros médicos anteriores. Es muy frecuente el uso de esta fórmula en los textos médicos - Trótula lo emplea en su libro *De pasionibus mulierum ante, in et post partum-,* lo cual nos indica el grave problema que suponía la esterilidad, pues las mujeres sin hijos (monjas, viudas, solteras, estériles....) no cumplen su función. Considera que la esterilidad está causada por la matriz o por otros miembros principales que están en conexión con ella, aunque solo hablará de la primera

causa, la matriz. Indica el diagnóstico, establece las causas, los síntomas y el tratamiento con una gran abundancia de productos, algunos exóticos.

7.- *Tractatus de sterilitate mulierum*. Se trata de una obra escrita en el siglo XIV que tiene influencias de la escuela de Montpellier y cuya autoría fue atribuida a Bernardo de Gordonio, posiblemente, como en el caso anterior, para darle más autoridad. Desde luego está basada en su obra, *Lilio de Medicina,* con la que tiene bastantes similitudes.

Se inicia este pequeño texto con un prólogo, en el que establece como causa de fecundidad la complexión* equilibrada o con pocas desviaciones. En cambio pone como ejemplo de causa de esterilidad el predominio del calor. Su interés se centra principalmente en los tratamientos para curar la esterilidad.

8.- *Lilium medicinae de* **Bernardo de Gordonio.** Este tratado se elaboró a principios del XIV, está dividido en siete libros, (los siete pétalos del lirio) con un número de capítulos variables, entre trece y treinta y uno. Se inicia con un prólogo, en el que cita a Sócrates, Séneca, Horacio y Galeno, diserta sobre el conocimiento, y la necesidad de aprender para poseerlo.

Todos los capítulos mantienen un esquema similar:

1.- Definición y descripción de la enfermedad
2.- Causas: externas e internas
3.- Síntomas*
4.- Pronóstico*
5.- Cura
6.- Aclaración

Sigue el esquema tradicional de la medicina medieval y griega, de la cabeza a los pies, para hablar sobre las enfermedades, en los seis primeros libros. El séptimo se dedica al aparato reproductor masculino (incluye las enfermedades propias del varón) y femenino (enfermedades, esterilidad, embarazo y parto). También dedica atención a los antídotos y a la cosmética. Podemos considerarlo como un libro de texto para estudiantes de la Escuela de Montpellier, por su extensión -trata sobre todo el cuerpo- y por su estructura muy organizada, más con afán pedagógico que divulgativo.

9.- *Capítulo de mujeres o Salar ha-nasim. Anónimo, corpus médico hebreo.* Fechado en los siglos XV-XVI, este breve tratado anónimo está basado en obras de la tradición árabe. Forma parte de un códice misceláneo titulado *Libro de las medicinas,* que contiene ocho obras: una versión del *Antidotarum Nicolai,* un extracto del *De simplicia medicina* de Mateo Plaetarius, una lista de aguas y aceites medicinales y sus usos, una lista de compuestos y sus recetas, dos glosarios de términos médicos y farmacológicos, recetas y cálculos aritméticos, y el breve tratado *Capítulo de mujeres,* que trata sobre afecciones ginecológicas,

---

[72] Un parto permite pocas variaciones. Tenemos la posición de la parturienta, en esta época sentada, la posición de la comadrona, delante de ella para poder manipular y recoger al feto y las técnicas para llevar a cabo un buen parto, fruto de la experiencia personal y de las enseñanzas transmitidas de unas mujeres a otras.
[73] CONDE PARRADO, P., MONTERO CARTELLE, E., HERRERO INGELMO, M.C.: *Tractatus de conceptu. Tractatus de sterilitate mulierum.* Valladolid, 1999, p.18

Se inicia con la fórmula "asunto de mujeres", muy frecuente en estos textos, que sirve para marcar una diferencia con los textos médicos generales. Aquí se refiere a cuestiones femeninas, incluidas en los escritos desde el siglo XII bajo el concepto de secretos de mujeres. No describe problemas de anatomía, fisiología, síntomas, ni patologías. Tampoco establece ningún orden, ni en la presentación ni en el desarrollo, sino que plantea el problema muy escuetamente y propone los remedios (algunos de carácter mágico-supersticioso), también de forma muy breve. No hace citas de carácter intelectual, salvo alguna alusión a un médico experto para defender una poción[74]. No parece escrito por un médico y da la impresión de que está dirigido a lectores que tampoco lo son. Las cuestiones que plantea con muy diversas, como las enfermedades de los pechos, esterilidad, problemas en el útero, retención de orina y abortos.

---

[74] CABALLERO NAVAS, C.: *"Un capítulo sobre mujeres..."*, p. 149.

CAPÍTULO III

DIFERENCIAS ENTRE HOMBRES Y MUJERES. ANATOMÍA Y FISIOLOGÍA. SEMEN Y

SANGRE MENSTRUAL

SUMMARY

The third chapter deals with something that is fundamental for our authors: how to differentiate between men and women. Thus we have the qualities of warmth and coldness that define the two sexes, respectively, with the exception of Hippocrates who argues that heat is connected to the woman. Other differences are anatomical and physiological, our authors' limited knowledge of anatomy and physiology – most of the time based in anatomical analogies of the animals that they dissect or in individual or collective imagination – force them to focus on the only female organ that the male does not possess – the uterus. It is capable of inciting anger and emotion and can provoke the woman into all sorts of evil, but nevertheless it is fundamental for having children and it can purify the feminine organism.

This chapter concludes by dealing with the differences and similarities between masculine semen and menstrual blood, both of which result from different processes and have different functions. The existence of feminine semen is accepted by the doctors (without clarifying whether or not it is menstrual blood) but is denied by Aristotle. What all the authors are in agreement about is in the consideration that menstrual blood is the most armful humor to the female body, but nevertheless that it is necessary for procreation.

RESUMEN

El tercer capítulo versa sobre algo tan fundamental para nuestros autores, como las diferencias entre hombres y mujeres, así tenemos las cualidades de calidez o frialdad que los define, quedando Hipócrates solo en la defensa del calor de la mujer. Otras diferencias son las anatómicas y fisiológicas, los escasos conocimientos de anatomía y fisiología -la mayor parte de las veces basados en la analogía con la anatomía de los animales que diseccionaban o en la imaginación propia o colectiva- les hace centrarse en el único órgano femenino que no posee el varón, el útero, capaz de enfurecerse, de moverse y de provocar en la mujer todo tipo de males, pero sin embargo fundamental para engendrar hijos y para purificar el organismo femenino.

Acaba este capítulo tratando sobre las diferencias y similitudes entre semen masculino y sangre menstrual, resultado ambos de distintas cocciones y con distintas funciones, la existencia de semen femenino es aceptada por los médicos, sin aclarar si es la sangre menstrual o no, pero es negada por Aristóteles. En lo que están todos de acuerdo es en considerar la sangre menstrual como el humor más dañino del cuerpo femenino, pero eso sí, necesario para la procreación.

DIFERENCIAS ENTRE HOMBRES Y MUJERRES. ANATOMÍA Y FISIOLOGÍA. SEMEN Y SANGRE MENSTRUAL

Las diferencias entre hombres y mujeres fue un asunto al que nuestros autores le confirieron una gran importancia y, en consecuencia, le prestaron una atención muy estimable, por lo que en este capítulo nos detendremos en algunas de las cuestiones que plantearon con mayor profundidad. Básicamente, aquellas diferencias se basan, en primer lugar, en las distintas cualidades que predominan en cada uno de los sexos: el calor en los hombres y la frialdad en las mujeres; en segundo lugar, y por motivos evidentes, las diferencias también las encontraban en la anatomía, pero sobre todo en la fisiología, esto es, en la utilidad de los aparatos reproductores, uno para ser fecundado y otro para fecundar, elemento pasivo el primero, activo el segundo. Al mismo tiempo el aparato reproductor masculino se presenta como el modelo del femenino, siendo éste una copia en negativo de aquel, por lo que los ovarios equivalen a los testículos, la vagina al pene, pero ¿y el útero? No hay equivalencia en el cuerpo del varón para este órgano, causante de la histeria y de prácticamente todas las enfermedades que padece la mujer, aunque esencial para la reproducción, puesto que sin útero no hay embarazo.

Otra diferencia está en la existencia de semen femenino y masculino, donde encontramos opiniones diversas: Aristóteles piensa que la mujer no lo tiene y los médicos creen que sí. La sangre menstrual, como elemento propio de la mujer y que no se encuentra en el varón (aunque algunos médicos buscaron un equivalente en la sangre procedente de las almorranas*), es el humor más dañino del cuerpo femenino, ya fuera por su abundancia, por su escasez, por su color…, siempre es peligroso, por eso es necesario su control, pues no puede eliminarse. Pero al mismo tiempo, y de nuevo se enfrentaban a la paradoja, los médicos sabían que sin sangre menstrual, no había embarazo.

DIFERENCIAS ENTRE HOMBRES Y MUJERES

En todos los animales capaces de moverse[75], existe la hembra y el macho como principios de la reproducción. La reproducción se explica a partir de los principios aristotélicos de materia-forma y potencia-acto, así como en los cuatro factores que originan cualquier proceso: la causa final, la forma o entidad, la causa eficiente o agente y la materia que corresponde a sus partes. Por supuesto, nuestros autores reconocen la necesidad de la mujer en la reproducción, pero no en plano de igualdad con el varón, sino sólo como materia-forma.

Los médicos medievales, sin contradecir a Aristóteles, no están totalmente de acuerdo con él, pues reconocen la existencia de esperma femenino independiente de la sangre menstrual. Así que tuvieron que buscar diferencias físicas demostrables, que avalaran la desigualdad natural entre los sexos. Todos están de acuerdo en que es el exceso de humores, en particular de sangre menstrual, la principal diferencia de la mujer con el varón y la causa de la debilidad femenina. Sin embargo, cada uno de ellos ofrecerá su particular explicación en torno a la causa última de esta particularidad femenina: Hipócrates, por ejemplo, propondrá como razón de la misma el calor de la mujer, mientras que el resto de autores, con Aristóteles a la cabeza, considerarán que es el predominio de las cualidades frías y húmedas en las hembras lo que determina este primera diferencia sustancial respecto a los machos, en los que predomina la sequedad y calor. Esta explicación en torno a la raíz de la desemejanza entre hombres y mujeres, se completa con otras que apelan a causas de índole social, como es el trabajo, que en los varones favorece la expulsión de humores, mientras que la ociosidad de las mujeres dificulta su expulsión. En esto último todos médicos y filósofos, tanto griegos como medievales, están de acuerdo. Veamos con detalle la opinión de algunos de ellos.

Para **Hipócrates** la mujer es más blanda y floja que el hombre, se dilata y calienta más, por lo que debe expulsar humores para que no se acumulen en su cuerpo. Al ser de naturaleza y sangre más calientes que las del hombre, si no evacua la sangre aparecen las enfermedades. Por el contrario, si la evacuación es normal, a pesar de tener más calor, no tiene padecimientos.

El hombre, por su parte, tiene la carne más compacta, por eso no se satura de sangre y no es necesaria su expulsión periódica. Su cuerpo no se dilata ni se calienta en exceso. Llevar una vida de trabajo favorece que se consuman los humores, a diferencia de la mujer que lleva una vida ociosa[76].

Para confirmar lo anterior pone ejemplos muy sencillos de entender: una prenda de lana absorbe más agua que una prenda compacta, y tal sería el caso de la mujer y el hombre, respectivamente. El estado de constante enfermedad que padece la mujer se justifica precisamente a causa de su naturaleza y del tipo de vida que lleva, con menos fatigas que el hombre. Considera, como casi todos los médicos, que la mujer sí tiene esperma.

Aristóteles no está de acuerdo con Hipócrates, y entiende por el contrario que son la frialdad y la incapacidad de la mujer las causas del exceso de sangre en algunas zonas -aunque no todo lo que es líquido y tiene color de sangre sea sangre-. El varón, a su juicio, es de naturaleza más cálida, por eso es más perfecto que la mujer.

Refuta a autores anteriores, como Empédocles, porque establecen con demasiada simplicidad tanto la relación frío-mujer y calor-varón, como la influencia de los órganos genitales en la determinación de los sexos: en referencia a la primera cuestión, por ejemplo, indica que

---

[75] Véase nota 35.

[76] HIPÓCRATES: *Tratados hipocráticos…*, Mul I 1.

"*Empédocles ha planteado esta hipótesis con bastante ligereza, al creer que sólo se diferencian uno del otro por el frío y el calor, viendo que los genitales en su conjunto presentan una gran diferencia: los testículos y el útero*"[77]. Por esta misma razón tampoco considera adecuado que la parte del útero donde se aloja el feto o el copular con el testículo derecho o izquierdo atado determine su sexo: "*Además, no saben que estas partes de los animales* [los testículos] *no aportan nada en lo que respecta a la generación de machos o hembras*"[78]. Sin embargo, más adelante emplea estos mismos argumentos, con los que no estaba de acuerdo, para justificar su propia teoría que relaciona la parte derecha del cuerpo con el calor y la izquierda con la frialdad.

Desde su punto de vista, la principal diferencia entre sexos se encuentra en la distinta capacidad que presentan el varón y la mujer para cocer el esperma y formar el principio generador: en el varón su cualidad predominante –el calor- le permite crear un esperma que, por su propio cocimiento, es más caliente y más fértil. Por el contrario, debido a su frialdad, la mujer está incapacitada y carece de esperma.

Esquemáticamente, las características que establece Aristóteles para ambos sexos son las siguientes:

[77] ARISTOTELES: *Reproducción* ... , IV, 764a, 10-15.
[78] *Ibídem* , IV, 765a, 30.

Varón	Mujer
Capacidad para cocer el alimento en su última fase -la sangre- y para formar el principio generador y residuo útil -el esperma-. Tiene menos sangre pero más pura.	Incapacidad para cocer, a causa de su frialdad, por eso tiene más sangre -porque no se transforma en otra cosa- pero es más impura.
No contribuye con nada material a la fecundación, pero sí con el principio del movimiento y de la generación. Aporta el soplo vital necesario para transmitir el alma a la materia.	Aporta la materia y el alimento del feto, proporcionada por la sangre menstrual, por efecto de la cocción que sobre ella ejerce el semen del macho. No tiene esperma, porque no tiene capacidad de cocción.
Facultades e instrumentos: Puede engendrar en otro. Tiene testículos y órgano genital, que no intervienen en la reproducción, solo para que el deseo sea impetuoso y rápido.	Facultades y funciones: Engendra en sí misma y aporta el lugar de donde nace lo engendrado. El útero, que tiene dos partes, está junto a los genitales (externos). Puede contraerse hacia arriba y producir sofocos. Es causa de enfermedades.

Galeno no establece diferencias ni hace comparaciones, solo reseña las peculiaridades anatómicas de los genitales masculinos y femeninos. La matriz se encarga de recoger el esperma, cerrarse para proteger al embrión y abrirse en el parto. El pene es un cuerpo cavernoso de sustancia nerviosa, cuyos vasos se dilatan por la excitación sexual o por el calor. Estos vasos son los portadores de una gran cantidad de pneuma, que a la postre es el que llena el pene y provoca su erección (lo compara con los pulmones que se llenan de aire)[79]. Galeno, a pesar de ser seguidor de Hipócrates, en este libro no aplica la teoría de los humores. Totalmente alejado de la filosofía, se centra en la fisiología basándose en las disecciones, aunque sus apreciaciones sean erróneas, como que el cuerpo cavernoso del pene se llena de aire. En contra de Aristóteles, considera que la mujer sí tiene esperma.

Para **Arib ibn Said** son diversos los factores que intervienen en la configuración del sexo en el feto: en primer lugar, esta vendrá determinada por el predominio del calor o del frío en el semen: cuando se mezcla el semen de la mujer –en contra de la opinión de Aristóteles, este autor considera que en las mujeres sí hay semen- y el del hombre y domina en ambos el calor, nacerá un varón; si domina en ambos el frío será hembra.

En segundo lugar, también tiene en cuenta el lugar de procedencia y de alojamiento de la semilla: si el semen de la parte derecha del varón va a la parte derecha del útero, será niño; si procede de la parte izquierda y va a la parte izquierda será niña. Si procede de la parte izquierda del varón y va a la parte derecha del útero será hembra varonil. Si procede de la parte derecha del varón y va a la parte izquierda del útero será un varón afeminado.

En tercer lugar, reconoce igualmente la influencia de los vientos en la formación de los sexos: *"El origen de ser varón o hembra es el soplar del viento: si viene del sur debilita los cuerpos, origina pesadez, disuelve la fuerza y fluidifica el semen, le corrompe y sale fluido, imperfecto y no cocido (crudo). Si sopla viento del norte (Samal) endurece el cuerpo, completa la cocción del semen lo que equilibra en su madurez, suaviza su complexión*. Lo afirman los que conocen este efecto del viento en la reproducción de sus ganados"*[80]. Esta última idea está tomada textualmente de Aristóteles, de su obra *Reproducción de los animales*[81], aunque curiosamente no cita su nombre, sino solo alude a los antiguos, cuando lo frecuente en este autor es poner la cita y el nombre del autor original como símbolo de prestigio.

La edad de procrear se inicia en la pubertad. Debido al calor, se ensanchan los conductos venosos para expulsar el semen de los varones y la sangre menstrual de las mujeres. Éstas tienen los vasos finos y llenos de humedad y para tener menstruaciones es necesario calor (cualidad masculina). La frialdad y la humedad propias de las mujeres hacen que se acumulen humores en su cuerpo, así que estos descienden a las partes más bajas y salen al exterior, provocando una pérdida periódica de sangre que es la que permite la expulsión del exceso de humores[82]. En todos los autores encontramos una verdadera obsesión por el exceso de humores femeninos: el funcionamiento del cuerpo en hombres y mujeres es el mismo y el grado de humedad en ambos es igual -más de la mitad del peso corporal es agua-, así que el único humor que el varón no

---

[79] GALENO: *Sobre la localización...*, VI 447.

[80] ARJONA CASTRO, A.: *El libro de la generación del feto...* cap. IV p. 61.

[81] ARISTOTELES: *Reproducción ...*, IV, 766b, 35.

[82] ARJONA CASTRO, A.: *El libro de la generación del feto ...*, cap. XV p. 170.

tiene son los flujos menstruales. Sin embargo, si tomamos a éste como modelo, la mujer representa una anormalidad, que es la que los médicos intentan explicar.

Dinah, la protagonista judía de *Les infortunes de Dinah: Le livre de la génération*, describe su cuerpo como débil, abatido y flojo. La humedad y el frío la dominan y cualquier cosa lo altera. Lo compara con la tierra fertilizada por el trabajo del hombre. Con este principio solicita a su padre consejos para perpetuar la raza por toda la superficie de la tierra. Su padre alaba su sentido, y ante su desamparo le explicará aquellas cosas prácticas, relativas a su sexo, que pueda comprender sin entrar en asuntos científicos: "...*sans pour autant descendre jusque dans les profondeurs de la science de la génération, dans le but de tout savoir de la création du foetus, des raisons du cycle, et de la structure corporelle de l'homme ou de la femme; ni non plus tout savoir de la domination du supérieur par l'inférieur, de la différenciation de leer semence respective...*"[83].

Todo el texto es un alegato sobre la inferioridad femenina: las palabras, los lamentos, las súplicas de Dinah por su condición, las expresa desde una situación de humillación, que encuentran eco en las respuestas de su padre, que a su vez le transmite la información desde una posición de superioridad, plenamente aceptada por su hija.

Por su parte **Bernardo de Gordonio**, a la hora de marcar las diferencias entre hombres y mujeres, se va a centrar en un rasgo físico evidente: los cabellos existen entre otras cosas por la necesidad de distinguir al varón de la mujer a través de su barba, señalando de esta forma al sexo noble frente al que no lo es. En realidad, las diferencias entre uno y otro en relación con el cabello son sólo un síntoma de otras desemejanzas mucho más profundas: el cabello, según este autor, es vapor seco. Para convertir una materia en vapor, es necesario el calor, una cualidad que, como sabemos, es propia de los hombres. Por eso las mujeres, que son frías, no tienen barba, como también carecen de ella los hombres fríos, que además tienen poco pelo y envejecen pronto. La abundancia de pelos, pues, indica calor, pero el exceso del mismo también puede provocar su caída, pues consume la materia de los cabellos: de alguna forma había que justificar no sólo la calvicie masculina, sino también la causa de que los niños, los viejos, los capados, los melancólicos y las mujeres no sean calvos, precisamente porque son fríos[84]. Curiosamente Aristóteles también había justificado la calvicie masculina como consecuencia de la frialdad, sólo que en este caso venía provocada por las relaciones sexuales: la pérdida de semen provoca a su vez una pérdida de calor, y el enfriamiento de la cabeza, que de por sí es un órgano frío, provoca la caída del cabello. A juicio de Aristóteles esto sería característico en los hombres que eyaculan mucho y explicaría porqué ni las mujeres, que son

semejantes a los niños, ni los eunucos -que se transforman en hembras- tienen este problema[85].

Volviendo a Gordonio, concluye que la barba es una forma de distinguir a simple vista a los hombres de las mujeres: la barba no se cae en caso de alopecia*, como ocurre con el cabello de la cabeza, porque la naturaleza no pierde de vista su finalidad de diferenciar a varones de mujeres. Esta misma naturaleza, es la que hace que los varones no tengan por donde purgar la sangre, excepto por las almorranas* (establecen similitudes entre este tipo de hemorragia con la menstruación), que sean más calientes y realicen más ejercicio. En cambio, las mujeres son más frías y están ociosas[86].

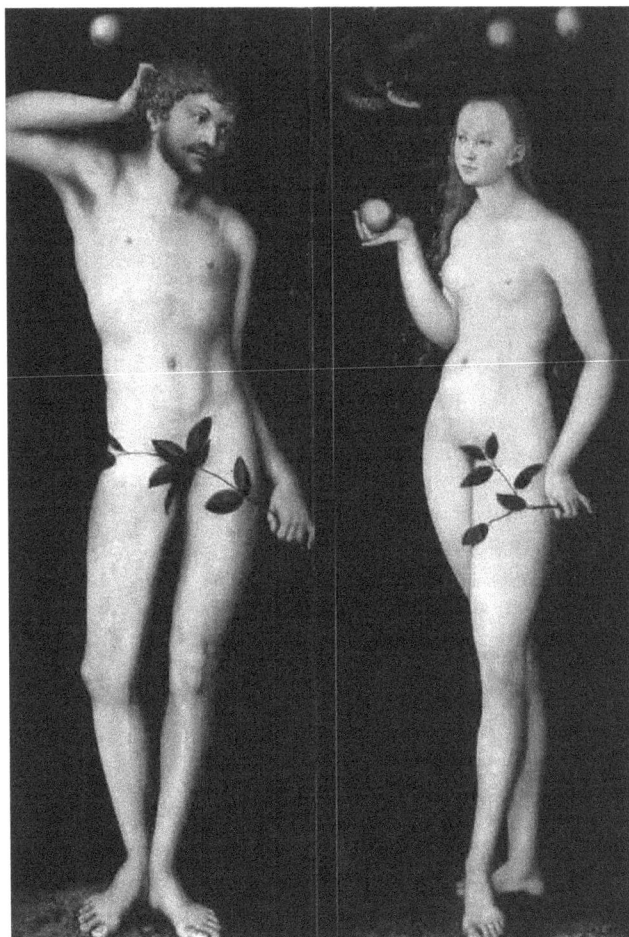

Adán y Eva. Lucas Cranach el Viejo. Galería de los Uffizi. Florencia.

ANATOMÍA Y FISIOLOGÍA

Todos, griegos y medievales, consideran el cuerpo humano como un gran espacio en el que están relacionados los órganos, comunicados entre sí por venas (llevan sangre) y por arterias (llevan aire)[87]. La sangre

---

[83]BARKAÏ, R.: *Les infortunes de Dinah*, p. 129.
[84] BERNARDO DE GORDONIO: *Lilio de medicina*, p. 371.

[85] ARISTOTELES: *Reproducción* ... , V, 874a, 5.
[86] Esta idea de la mujer ociosa aparece constantemente en los textos de nuestros autores.
[87] Desconocían la circulación arterial y confundían estos vasos con el tracto respiratorio, como la tráquea. De alguna forma esto es así, las

procedente de otros órganos entra en ellos a través de orificios y cada órgano tiene su cualidad: húmedo, seco, frío y cálido. Por lo que respecta a los órganos reproductores, entienden que el útero -o los úteros, pues algunos pensaban que había varios, si bien con Galeno esta cuestión quedó zanjada[88]- está situado en la parte inferior del abdomen, cerca de la vejiga y del intestino, y que le llega la sangre desde hígado a través de la vena cava. Se considera, por tanto, que la sangre expulsada al exterior, en la menstruación, es la que procede del hígado (por supuesto desconocían la descamación del endometrio* y el ciclo menstrual*).

Para **Hipócrates** la matriz se mueve por el cuerpo, dirigiéndose hacia la cabeza, corazón, hipocondrios*, hígado, vejiga, ano, también hacia abajo, a los lados, a la región lumbar o fuera del cuerpo (prolapso*, que es el único desplazamiento posible). Todos estos movimientos ocurrirían para compensar un desequilibrio humoral.

El útero errante, tal como lo entiende Platón, supone a este órgano como un animal irracional con deseo de procrear[89], el cual si no es fecundado se enfurece y se mueve de un lado para otro, produciendo enfermedades, entre ellas la sofocación histérica, causada al comprimir el diafragma. **Galeno**, por su parte, basándose en la evidencia que obtiene a través de las disecciones, refuta esta teoría de Platón y considera que si el útero se secase no necesitaría peregrinar hasta el diafragma, que es un órgano seco, sino que tendría otros órganos húmedos más cercanos, como la vejiga, la parte inferior del intestino o el hígado (si acaso necesitara una humedad sanguínea)[90] del que parten venas con sangre que van a la matriz.

También para **Aristóteles**, en determinados momentos, el útero se desplaza hacia otros órganos. Así, cuando la gestante bosteza, se contrae el útero hacia arriba y cuando está vacío, también se mueve hacia arriba, produciendo sofocos[91]. A su juicio, el útero es un órgano carnoso[92], porque necesita resistencia para contener a un ser vivo. Está situado en la parte inferior del cuerpo, cerca de la vejiga y de la parte inferior del intestino grueso, y por tanto alejado del diafragma. En la especie humana, la posición tan baja del útero, en los genitales, se explica porque es allí donde tiene que realizar su función: el diafragma no podría soportar el peso ni el movimiento del feto, y además el parto sería dificultoso por el largo recorrido que tendría que realizar el feto cuando se desplaza hacia el exterior.

La salida al exterior para evacuar la sangre menstrual y para expulsar al feto se hace a través del cuello del útero u orificio uterino, conectado con los genitales (externos) que están situados en la parte delantera, en una posición más alta que el orificio del residuo inútil (el ano y las heces). No encontramos referencias a los genitales externos femeninos, pero sí a los masculinos, "... ya que el órgano genital es muscular..."[93]. Los testículos no intervienen en la reproducción, sino para hacer que el semen sea expulsado más lentamente: "Los testículos no son una parte de los conductos, sino que están unidos a ellos, como las piedras que las tejedoras sujetan a los telares; y si se les amputa, los conductos se contraen hacia arriba, de modo que los animales castrados no pueden engendrar, aunque si no se contrajeran, podrían..."[94].

Aristóteles considera que la parte principal de los animales es la parte superior, el tórax, situada por encima del diafragma (éste es de naturaleza seca) pues en ella está el corazón de donde parten las venas (no se distingue la red venosa de la arterial) y es el origen de la sangre (de naturaleza caliente) y del calor. La parte inferior del animal, el abdomen, corresponde a la del alimento y el residuo, tanto de los varones como de las mujeres. La vena grande (vena cava) y la aorta se dividen en la parte superior del cuerpo: la primera, que lleva sangre, va al hígado, y de aquí a todas las partes u órganos situados debajo del diafragma, como el útero. Las arterias llevan aire, pues como dijimos estos autores no distinguen las vías aéreas de las vasculares y pensaban que existía una respiración arterial.

Los líquidos intestinales procedentes de los alimentos son considerados residuos en su primera fase. Estos pasan a otras partes u órganos a través de múltiples orificios (no olvidemos que los órganos estaban conectados entre sí a través de orificios), donde siguen su proceso de cocción por la acción del calor, produciendo residuos útiles -como el semen, la sangre menstrual, la leche- y otros inútiles - como las heces-[95].

Arib ibn Said describe con minuciosidad la anatomía de los genitales masculinos. El pene tiene un canal ancho y esponjoso en el centro, con nervios y venas, que al llenarse de aire provoca la erección. Las arterias que llegan del corazón son las que llevan el aire. La base del pene está situada en cuello de la vejiga, el conducto de la orina (la uretra, pero no la nombra con este término) está situado en el centro de la vejiga: "En el pene otro conducto envía el semen por unos conductillos estrechos; este conducto atraviesa la verga hasta que llega a su raíz; luego se continua con los conductos de los riñones, convirtiéndose en uno solo y envía desde este lugar el esperma y la orina"[96]. Cuatro pares de músculos sujetan la raíz del pene al cuello de la vejiga para reforzarle.

---

arterias llevan sangre con una gran cantidad de oxígeno, pero nunca aire.

[88] *"No debemos andar en disputas sobre si hay que llamar útero o matriz a la parte dada por la naturaleza a las mujeres para la gestación, ni tampoco si es mejor decirlo en plural, úteros o matrices, o en singular, útero o matriz. Es preferible aprovechar el tiempo en cosas útiles, que nos servirán para el diagnóstico, el pronóstico o el tratamiento".* Véase GALENO: *Sobre la localización...*, VI 414.

[89] PLATÓN: *Timeo...*, 91c.

[90] GALENO: *Sobre la localización...*, VI 427.

[91] ARISTÓTELES: *Reproducción...*, 719a20.

[92] Realmente es así, el miometrio* es un músculo capaz de soportar el peso del feto y de empujarlo hacia el exterior en el parto.

---

[93] ARISTÓTELES: *Reproducción...*, 717b20.

[94] *Ibídem*, 717b1.

[95] Véase páginas 14 y 15.

[96] ARJONA CASTRO, A.: *El libro de la generación del feto...*, cap.II, p. 37

Por lo que respecta a la fisiología masculina, relaciona el deseo con el calor del corazón que se propaga hasta el pene, el cual se hincha por el pneuma procedente del corazón. Las vesículas seminales (no las identifica con los testículos) se contraen para expulsar el semen que contienen. Después viene el reposo y la calma porque disminuyen el calor y el vapor "húmedo", se debilita el corazón junto al resto del organismo, se obstruyen los conductos del pene y ya no llega de las venas del hígado y de los riñones la potencia sexual[97].

En cuanto a la anatomía femenina, piensa que el útero sirve para engendrar hijos y para purificar el organismo por la menstruación. Igual que en el caso del varón lo describe minuciosamente, situándolo entre la última vértebra dorsal, la vejiga y el intestino grueso -llamado ciego- de manera que el intestino queda por encima, la vejiga por debajo y el útero colgado del principio del peritoneo. Esto puede ser una confusión, una falta de coincidencia con los nombres anatómicos o un error de las sucesivas traducciones: el útero está situado debajo de la vejiga y encima del último tramo del intestino grueso.

Los datos que aporta sobre el tamaño y la forma del útero se aproximan a la realidad, pues lo compara con un fuelle que tiene amarras anchas paralelas que facilitan su distensión. En la parte alta tiene unos vasos en forma de reja (exterior e interior) por donde llega la sangre de la menstruación, procedente del corazón, el cerebro y el hígado. Debido a la relación que establece entre los distintos órganos, considera que las enfermedades de unos afectan a los otros.

Tiene un cuello en forma de garganta, de carne dura y musculosa de siete traveses* de dedo, con una boca (tal vez la vagina o el cuello del útero) en la mayoría de las mujeres, dice, que sirve para que salga la sangre menstrual y el feto, y entre el esperma. Este cuello se estrecha por la punta (cuello del útero), cerrándose durante el embarazo para que no entre nada y agrandándose en el parto. Del ventrículo (el útero propiamente dicho) salen dos cuernos (las trompas) que se mueven y atraen el semen (es cierto, la fecundación ocurre en las trompas); a continuación vienen los testículos (los ovarios), más pequeños que los del hombre. Tiene unos ligamentos que fijan el útero a la parte posterior de las ingles y a los laterales del vientre, formando ambos unos pliegues dobles que confluyen. No dice nada de los genitales externos.

Respecto de la fisiología femenina, considera al útero como el recipiente del semen, el lugar donde cae el esperma y es acogido el embrión hasta que esté formado. En caso de malformación o enfermedad del feto, el útero no lo retiene (abortos naturales). Entiende que a veces esto se debe al semen defectuoso y débil del varón.

El coito regula las menstruaciones y favorece la buena complexión* del útero[98]. No establece de dónde y cómo llega el esperma. La fisiología femenina se centra exclusivamente en la reproducción, ésta oculta todo y las modificaciones en el cuerpo femenino se deben exclusivamente a ella. Conoce del varón la formación del esperma y la expulsión del mismo -por el calentamiento de los riñones aparece la erección y posteriormente la eyaculación-, pero de la mujer no tiene claro (ninguno de nuestros autores) de dónde viene el esperma ni tampoco su expulsión.

En el libro de **Dinah** se comparan los genitales femeninos con una planta *roquette d'Alexandrie*[99], y se ofrece una descripción detallada. Las partes que presenta son:

1.- Labio u orificio de la matriz (el orificio de la vagina y los labios menores). Antes del parto es blando y carnoso, después un campo ensanchado. Es de la misma opinión que Hipócrates y Galeno, quienes consideran que el parto dilata los genitales.
2.- Cuello de la matriz (la vagina).
3.- La cérvix, donde se estrecha el cuello de la matriz (el cuello del útero).
4.- El hombro de la matriz, donde se ensancha (la zona de unión de la matriz con el cuello).
5.- Los lados de la matriz.
6.- El fondo, donde se termina la parte circular.
7.- El largo fondo llamado base (la zona superior de la matriz) y el espacio intermedio llamado regazo, es el receptáculo (se refiere al interior de la matriz).

La matriz está situada entre la vejiga por arriba y el intestino largo, sobre el cual reposa, como dice Arib Ibn Said, pero situándola correctamente. Está muy inervada[100] y tiene arterias, tendones y músculos, así como dos capas: una fuerte, lisa, blanca, dura e inervada (posiblemente el miometrio*), y otra interna, rugosa, blanda y carnosa (el endometrio*).

El orificio de la matriz está situado en medio de la vagina y se vuelve viscoso en la cópula, lo cual demuestra que sí observaron los cambios del cuerpo femenino al margen del embarazo y del parto. Su longitud y la anchura son variables, dependiendo de la edad y de la persona. En las mujeres con hijos su aspecto es rugoso y ensanchado, una opinión que recuerda a las ideas de Hipócrates y Galeno respecto de los cambios anatómicos posteriores al embarazo.

---

[97] *Ibídem*, cap. II, p. 38.

[98] ARJONA CASTRO, A.: *El libro de la generación del feto ...*, cap. III, pp. 47-48.
[99] El traductor anota que este término no está en el texto latino y que el nombre de la planta pudiera ser *eruca sativa*, en español es oruga, ruca, rúcula o roqueta similar en francés. Véase BARKAÏ, R.:*Les infortunes de Dinah...* p. 132.

[100] Actualmente la inervación se refiere a las terminaciones nerviosas. Posiblemente el autor quiso decir irrigada, este concepto se refiere a la circulación sanguínea, a la presencia de vasos que contienen sangre, como es así en el útero. Es frecuente esta confusión de vasos sanguíneos, terminaciones nerviosas y vías aéreas.

A los lados de la cérvix (el cuello del útero) están los huevos (ovarios) femeninos, pequeños y más numerosos que los masculinos, pegados al cuello de la vejiga (posiblemente se refiera a la matriz). De cada uno de ellos sale una vía que acaba en la matriz. El semen de la mujer es recogido por estos canales[101]. Este es el único autor que alude a la procedencia del semen femenino.

En el *Lilio* de **Bernardo de Gordonio**, se recuerda que Dios creó al macho y a la hembra para reproducirse: a tal fin, el macho cuenta con los testículos y el pene, mientras que la hembra dispone de la matriz o madre, su boca (la vagina) y dos testículos que están en los cuernos de la matriz[102].

La mama (teta es como la denominan estos médicos) es un miembro globuloso de color blanco con venas y arterias entrelazadas, que sirve para producir leche y alimentar al recién nacido, hasta que pueda tomar alimento fuerte[103]. No es fácil encontrar alusiones a las mamas, y menos una descripción anatómica como la realizada por Bernardo de Gordonio, en los textos médicos griegos. A este respecto, Aristóteles, describiendo el tórax de los animales, había indicado: *"...en los hombres, como el espacio es ancho y la región del corazón debe estar protegida, como ese lugar es carnoso, se sitúan las mamas, que en los machos son como la carne por la causa mencionada, mientras que en las hembras la naturaleza las ha empleado para otra función que aseguramos que realiza frecuentemente: guardar allí el alimento para los recién nacidos. Las mamas son dos porque dos son las partes del cuerpo, la izquierda y la derecha. Además, son bastante duras y están separadas porque en ese lugar se unen los costados y para que su naturaleza no resulte molesta"*[104].

SEMEN Y SANGRE MENSTRUAL

La sangre menstrual llega a la matriz a través de los vasos que proceden del hígado. Si la sangre no entra en la matriz para ser expulsada al exterior, habrá enfermedades y esterilidad. Si entra con fuerza y la llena, produce desvíos de la misma y también habrá enfermedades y esterilidad. Sea cual sea el estado de la matriz de una mujer, ésta estará siempre cerca de la enfermedad.

Hipócrates considera la existencia de esperma femenino, pero en unos términos un tanto confusos: si al acabar la regla –afirma- el hombre y la mujer tienen deseos y el semen del varón se mezcla fácilmente con el de la hembra, quedará embarazada. Pero si el semen de la mujer baja limpio y sin interrupciones, no tendrá deseo y no quedará embarazada. Lo que no queda claro es a qué alude cuando habla del semen femenino, pues lo mismo puede referirse a la sangre menstrual que a los flujos

vaginales durante el coito[105]. Una vez embarazada, el orificio de la matriz se cierra, la regla desaparece y durante este período el útero no admite semen (del varón).

Para este autor, la evacuación de la sangre menstrual de forma periódica es necesaria para evitar enfermedades, puesto que la retención de la misma puede provocar la muerte y si acaso sana queda estéril[106].

Para **Aristóteles** el esperma es un residuo alimenticio en su última fase, que con la cocción se vuelve espumoso, pierde su naturaleza de sangre y por eso no es de color rojo. El hombre por naturaleza tiene más calor, de ahí que su cocción sea perfecta, mientras que la mujer, al ser más fría, tiene una cocción incompleta. Su abundante sangre menstrual es esperma no puro, que existe porque no ha habido cocción suficiente (no olvidemos que la mujer se caracteriza por su incapacidad). Por esta razón el menstruo mantiene su naturaleza de sangre, a diferencia del semen del varón que pierde totalmente su cualidad de sangre.

El esperma del varón es aire innato y caliente, compuesto de pneuma más agua. Es el motor y agente, se produce en el corazón, aunque su naturaleza es parecida a la del cerebro, por eso es acuosa y de color adquirido (por la cocción). Los gordos tienen menos esperma porque la grasa es un residuo: si éste se agota en grasa, disminuye el esperma.

La sangre menstrual es esperma impuro necesitado de cocción, es decir, es sangre no cocida -de ahí que se parezca tanto a la sangre- que se convierte en residuo inútil del alimento y de los vasos sanguíneos precisamente por la falta de cocción[107]. Posee todas las partes en potencia pero no en acto, por lo cual se considera que la mujer está mutilada: al contrario que el esperma masculino, el femenino –la menstruación- es un elemento paciente –no agente-, puesto que le falta el principio del alma. En consecuencia, la mujer carece de un esperma similar al del hombre, lo cual explica que pueda concebir sin placer, pues la emisión de esperma siempre va acompañada de placer. En la mujer la regla no es fija, aunque tiende a aparecer durante la luna menguante porque la frialdad del ambiente influye en el cuerpo.

Cuando el residuo se transforma en sangre, se produce la menstruación, pero si no hay cocción suficiente aparece una secreción blanquecina continua (se da principalmente en niñas); cuando ambas secreciones son moderadas, hay salud, porque se evacuan los residuos. Si no se producen o son muy abundantes, provocan enfermedades[108].

Galeno atribuye emisión de esperma a la mujer, independiente de la sangre menstrual, pero es más

[101] BARKAÏ, R.: *Les infortunes de Dinah...*, p. 132.
[102] BERNARDO DE GORDONIO: *Lilio...*, p. 1406.
[103] *Ibídem*, p. 976.
[104] ARISTÓTELES: *Obra biológica*, 688 a-b.

[105] HIPÓCRATES: *Tratados...*, Mul.I 24.
[106] *Ibídem*, Mul. I 3.
[107] ARISTÓTELES: *Reproducción...*, 738a35.
[108] ARISTÓTELES: *Reproducción...*, 738a30.

húmedo y frío que el del hombre. Esta cuestión de la existencia de esperma femenino no está clara; los médicos sí piensan que la mujer emite esperma que interviene en la reproducción, porque de alguna forma hay que justificar el parecido de los hijos a la madre, pero con frecuencia dudan de si este esperma es una sustancia independiente de la sangre menstrual. Galeno así lo considera: *"Estando yo en estas reflexiones le sucedió lo siguiente a una mujer, viuda desde hacía mucho tiempo. Como era víctima de algunas molestias y tensiones nerviosas, y tenía, según la comadrona, la matriz retraída, consideré conveniente que usara los remedios habituales en tales casos. Al utilizarlos y bajo la influencia del calor proporcionado por ellos y también de la palpación de los órganos genitales propia de esta terapia, le sobrevinieron contracciones acompañadas de dolor y de placer semejantes a las del coito, a consecuencia de las cuales expulsó un espeso y abundante semen liberándose de las molestias que le aquejaban"*[109].

Cuando este semen es muy abundante, tanto el varón como la mujer necesitan expulsarlo, más que para proporcionar placer, como necesidad, puesto que si no lo hacen les puede provocar enfermedades: en el varón, la abstención de los placeres amorosos produce síntomas físicos y psíquicos (náuseas, fiebre, poco apetito y malas digestiones, tristeza y desesperanzas sin motivo). Igual que en el varón, Galeno considera que en la mujer también es dañina la retención de esperma, más incluso que la de sangre menstrual, pues un semen abundante, impregnado de malos humores y con una vida ociosa, provoca sofocación (o apnea*) histérica, que se da en mujeres que han dejado de tener reglas y sexo o por lo menos sexo.

Este autor se plantea la posibilidad de que el cuerpo humano pueda llegar a formar algo semejante al veneno, porque los efectos provocados por los venenos y por las corrupciones de los humores originadas en el cuerpo son iguales (una pequeña cantidad de veneno o de humor corrompido afecta a todo el cuerpo). Puede distinguirse la causa de esta corrupción por el estado de salud previo: con buenos humores, la persona está sana, si hay malos humores, está enferma, y tanto el veneno como los malos humores, atacan a aquellos que están predispuestos a afectarse, como por ejemplo la mujer que sea cual sea su estado siempre se la considera enferma ¿Nos lleva Galeno a pensar que la mujer, a causa de sus humores, está más predispuesta que el varón a relacionarse con los venenos[110]? En los hombres las afecciones psíquicas temporales, causadas por la falta de expulsión de esperma, se pasan cuando vuelven a mantener relaciones sexuales y pone el ejemplo de Diógenes el Cínico[111].

Para Arib ibn Said, el semen de ambos procede de todas las partes del cuerpo (pangénesis) y de la sangre (teoría hematógena, de acuerdo con Aristóteles), de las que sale cuando se produce el deseo sexual, el corazón envía su sangre, el hígado separa su sustancia y parte del pneuma vital se diluye en él. Cita a Hipócrates y a Galeno, que consideran que siendo su origen la sangre, pasa por el cerebro y la médula espinal (teoría encéfalo-mielógena), hasta llegar a los riñones: *"...su origen está en la sangre, fuerte, pura y madura cuando aumenta el calor de los órganos y la fuerza vital enviada desde el corazón y produce una espuma por intenso frotamiento del movimiento (del coito) como el que crea en el mar el viento con la tempestad, luego pasa a los riñones (kulya) que lo cambia en una sustancia blanca y le dona una de las cualidades del semen, luego llega hacia los testículos (untayan) los cuales le transforman en la naturaleza misma del semen dándole su potencia, su color y allí adquiere su blancura, su forma y lo convierte en el semen perfecto"*[112].

Considera el semen estéril cuando se rompen los conductos que están detrás de la oreja y llevan el semen desde el cerebro. El dominio del semen de la mujer o el del varón es lo que hace que el hijo se parezca al progenitor cuyo semen es dominante (en esto se diferencia de Aristóteles, que como se recodará sólo admite la existencia de semen en el hombre). Siguiendo a Galeno, entiende que el acto sexual es necesario por naturaleza, puesto que equilibra, refuerza el corazón y estimula el espíritu.

---

[109] GALENO: *Sobre la localización...*, VI 420.
[110] La mujer venenosa será un tema tratado ampliamente a lo largo de la Edad Media, con características propias (las brujas) pero siguiendo la tradición de la antigüedad clásica (esfinges, Erinias, Parcas, Gorgonas...). Estas mujeres producen daño (impotencia) a los hombres y a los recién nacidos.
[111] GALENO: *Sobre la localización...*, VI 419. *"Todo el mundo sabe que Diógenes el Cínico era el más firme de todos los hombres en*

cualquier acción que precisara moderación y temperancia; sin embargo, también él hacia uso del sexo, queriendo desprenderse de la incomodidad del esperma retenido, sin buscar como algo bueno el placer que va unido a su evacuación. Cuentan que una vez hizo venir a una hetera y como ella se retrasara, se desembarazó del esperma masturbándose, y cuando la mujer llegó, la despidió diciendo que la mano se había adelantado a celebrar el himeneo. Está claro que los hombres prudentes no acuden al trato sexual por placer, sino porque quieren librarse de la molestia como si en ello no hubiera placer".
[112] ARIB IBN SAID: *El libro de la generación del feto...*, cap. I, p. 30. Es una cita de Hipócrates.

La cantidad de semen está influida por las siguientes causas:

AUMENTA	DISMINUYE
En la juventud.	En la vejez, porque disminuye la sangre y el calor.
Con un peso equilibrado.	Con obesidad o delgadez.
Con mayor número de eyaculaciones, con ciertos movimientos y actos.	En los adolescentes, aunque tengan calor, pues disminuye su potencia y la fuerza de sus órganos por inmadurez, sus poros son pequeños por eso no tienen pelo (barba), como las tesis de Bernardo de Gordonio. En el caso de las niñas hasta que no menstrúan no se abren sus órganos, como Hipócrates.
Con alimento bueno, equilibrado y adecuado que tienda hacia lo cálido y lo húmedo.	Según el tipo de vida, vino en exceso, alimentos secos de escaso valor nutritivo, los húmedos, indigestiones, sedentarismo, vida monótona o con sobresaltos, baños con sudoración excesiva, o con agua salada.
Con vino rojo bebido de forma moderada.	Cuando hay preocupaciones, fatigas, trabajos, trastornos del pensamiento.
Con el sueño después de las comidas.	En enfermos, con predominio de la bilis negra o de la bilis amarilla, queman la sangre y tienen menos esperma
El baño templado	
El juego, la alegría y la música	

Una forma de comprobar la calidad del semen masculino, que puede tener una constitución defectuosa, es echándolo en agua: si flota es estéril, si se hunde, fértil. Las poluciones nocturnas se hacen no por deseo, sino para aumentar la cantidad de semen.

Otra preocupación de los médicos es la cantidad de sangre menstrual eliminada: aumenta en las mujeres gordas o húmedas y blancas, que suelen ser estériles. Disminuye, por el contrario, cuando la mujer hace mucho ejercicio y en las negras, que no son estériles, aunque tampoco muy fecundas. La mujer de complexión menuda, color rosado, con la boca del útero abierta, es fértil. Este prototipo se corresponde con el ideal de modelo femenino en el medievo, puesto que de hecho no existe relación entre la estructura corporal y la fertilidad.

La retención de la menstruación produce una sintomatología general totalmente ajena al problema, frecuente en las mujeres por otras causas: pesadez en el cuerpo y palpitaciones, debilidad en los sentidos, escalofríos, desmayos, fiebre, molestias difusas, disminución del apetito, deseo de comer tierra y carbón, tomando su cuerpo un color negruzco con mezcla de rojo[113]. La ingestión de carbones es un tema tratado con frecuencia en la literatura médica, y se considera un síntoma de trastorno mental[114]. Arib ibn Said, toma este dato de Galeno[115]. Hipócrates también hace referencia a esta ingesta, pero no por la retención de la menstruación, si no por embarazo, donde se hace eco de la superstición de que el niño sale con una señal[116]. También aparecen convulsiones histéricas, con las que están de acuerdo

todos y que tan bien describe Galeno: *"Si en esta situación murieran todas las mujeres, la cuestión sería sencilla. Pero como se salvan algunas, el problema que se nos plantea es doble: investigar la afección por la cual se pierde la acción de respirar y, sobre todo, cómo es que siguen viviendo a pesar de no respirar en absoluto..."*[117].

En el libro de **Dinah,** la purificación o expulsión de humores (sangre) se hace en el parto y en la menstruación. En la menstruación a partir de los 14 años, cada 30 días, y hasta los 45 años, con una duración de 3 a 4 días o más. No da explicaciones sobre el origen del esperma o de la sangre menstrual. La cantidad depende de la edad, del modo de vida, de la ociosidad (en este caso aumenta), de la mala alimentación, de la juventud. Las mujeres que trabajan mucho tienen menos cantidad de esta sangre pues, como los hombres (todos nuestros autores están de acuerdo), al cansarse deja de ser necesaria la purificación. Cuando no se evacua todo, aparece dolor en la regla o al inicio, inflamación de los senos, pesadez en la vagina y picazón, indolencia, somnolencia y dolor de riñones[118].

Las mujeres mayores no tienen menstruación porque no tienen vitalidad ni calor; las cantantes tampoco, pues el canto empobrece la sangre y padecen enfermedades en las que la sangre se corrompe; ni las mujeres embarazadas, porque la sangre forma el feto, ni tampoco las niñas[119].

Para embarazarse es necesario el semen y la disposición femenina, así como la existencia de un flujo muy abundante, que indica salud, porque se eliminan humores. Incluso las ancianas, si tienen reglas, se consideran sanas.

---

[113] ARIB IBN SAID: *El libro de la generación del feto...*, cap. III p. 52.

[114] Actualmente, el carbón se emplea como tratamiento, para contrarrestar la absorción de sustancias tóxicas en el estómago. Se administra un preparado a base de carbón, llamado carbón activado. También se usa para filtrar los malos olores.

[115] GALENO: *Sobre la localización...*, VI 434.

[116] HIPÓCRATES: *Tradados...*, Superf.18.

[117] GALENO: *Sobre la localización...*, VI 415.

[118] Esta sintomatología es común en la menstruación, se debe al funcionamiento hormonal que regula el ciclo menstrual.

[119] BARKAÏ, R.:*Les infortunes de Dinah...*, pp.135-137.

En cierta medida esta creencia sigue todavía vigente, puesto que la menopausia en nuestra sociedad es tratada como una enfermedad y las mujeres deben estar bajo control médico.

Por otra parte, la obra recoge otro consejo de salud femenina: cuanto más tiempo permanezca virgen una mujer, más salud tendrá. Siendo una obra de autor judío, deja ver una obsesión (cristiana) por la virginidad. En esta misma línea se indica que el coito, que es malo para los hombres, todavía es peor para las mujeres. El problema es que siendo la única forma de engendrar hijos, algo muy estimado por los judíos, no puede evitarse. Tal vez esta afirmación, al igual que la anterior, denota una asimilación de la idea cristiana sobre el coito.

Bernardo de Gordonio considera que la mujer purga la sangre, lo cual facilita la expulsión de humores. Lo considera un privilegio[120], que el hombre no posee -sólo a través de las almorranas pueden los varones purgar sus humores-.

El esperma viene del cerebro, llega a su sitio a través de las venas yugulares que están detrás de las orejas[121], en desacuerdo con Aristóteles, pero de acuerdo con Hipócrates y Arib Ibn Said. La retención de esperma daña más a las mujeres que a los hombres, porque no hacen ejercicio como los varones y tienen más superfluidades* que provocan sofocación de la matriz. Igual que opinaba Galeno, Gordonio entiende que la retención de esperma femenino es más grave que la del flujo menstrual, *"porque el esperma es templado y la sangre superfluidad y cuando se corrompe el templamiento es peor que el corrompimiento de la superfluidad..."*[122]. Nuestro insigne médico nos quiere decir que es peor el calor que la humedad, sin embargo el calor es una cualidad masculina, que evita el exceso de humores y favorece la salud.

También piensa que la mujer siente más deleite que el varón en el coito, pues tiene el esperma de él y el propio. Sin embargo, el varón siente más placer y más intenso, porque su esperma es más templado. Opinión contraria a Aristóteles, que basa la no existencia de esperma femenino en que puede ser fecundada sin placer.

---

[120] BERNARDO DE GORDONIO: *Lilio...*, p. 897.

[121] *Ibídem*, p.1408.

[122] *Ibídem*, p.1420.

CAPÍTULO IV

FECUNDACIÓN. FORMACIÓN DEL FETO. PARTO. LECHE

EL DOMINIO DEL CUERPO FEMENINO COMO EJERCICIO DE PODER
(a través de textos médicos clásicos y medievales)

SUMMARY

In order to successfully bring a pregnancy to term, our authors try to control the entire process, from the sexual intercourse to the birth, of which they primarily concentrate on the first part – after all it is a masculine activity in which the woman just provides the receptacle that must be purified in order to fulfill her mission and in order to not harm the man. In as much as the pregnancy interests their predictions concerning the possibility of the self (beginning with the moment of intercourse) and the sex of the fetus (males make the process easier for the woman as well as benefit her, which is not the case with females) and the evolution of the embryo throughout the period of gestation. One common idea is that pregnancy is the best state of the woman.

The birth, an exclusively feminine act, is the most difficult moment for a woman; she is attended to by midwives but never by doctors, even though they describe it, sometimes in quite a lot of detail. Menstrual blood is the most harmful humor of the woman, nevertheless, it feeds the fetus during the pregnancy and, once the baby is born, it becomes milk.

RESUMEN

Para llevar a buen término un embarazo, nuestros autores intentan controlar todo el proceso, desde el coito hasta el parto, principalmente se centran en el primero, pues es una actividad masculina en la que la mujer solo pone el receptáculo que debe ser purificado para realizar su cometido y para no dañar al varón. En cuanto al embarazo interesan sus predicciones sobre la posibilidad del mismo (desde el momento del coito) y sobre el sexo del feto (los masculinos facilitan el proceso y benefician a la mujer, no así los femeninos) y la evolución del embrión a lo largo del periodo de gestación. Una idea común es que el embarazo es el mejor estado de la mujer.

El parto, actividad femenina exclusiva, es el momento más difícil para una mujer, ésta es atendida por parteras, nunca por médicos que sin embargo lo describen, en algunos casos con todo tipo de detalles. La sangre menstrual, el humor más maligno de la mujer, sin embargo es la que alimenta al feto durante el embarazo y una vez nacido se transforma en leche.

FECUNDACIÓN

La fecundación* o unión del óvulo con el espermatozoide, no será conocida hasta varios siglos más tarde[123]. Ante el desconocimiento de la anatomía y fisiología de los órganos de la reproducción humana, y para explicar de forma racional este hecho, las aportaciones de nuestros autores se basan en la unión de dos semillas, femenina y masculina en un receptáculo, el útero (se emplea el símil de la tierra que da frutos, cuando es trabajada por el varón), que debe estar siempre preparado para recibir y retener el semen del varón. Según todos nuestros autores, el mejor momento para ser fecundado es al acabar la regla[124], aunque Hipócrates puntualiza que también puede ser al iniciar la regla, pero prefiere la primera opción. La causa que aducen es que en ese momento el útero, libre de la sangre menstrual, que entra en él procedente del hígado, se ha purificado o purgado. Si no se hace de esta manera y quedan restos de sangre menstrual, el semen del varón se verá arrastrado, corrompido o podrido por la presencia de esa sangre, que recordemos no es sangre, sino el resultado de la segunda cocción[125]. Aquí aparece el carácter negativo (venenoso) de la sangre menstrual, que pudre el semen del varón, por eso es necesario secar la humedad propia de la mujer, antes de que se una a él, con el fin de protegerle. Así los médicos aconsejan completar la purificación natural realizando otra purificación, ésta de carácter terapéutico, que detallaremos más adelante al referir las prácticas de preparación al coito.

Todos están de acuerdo en que el embarazo es el mejor estado de la mujer. Para **Hipócrates** dicho estado es el remedio para todo tipo de males, hasta el punto de que es el tratamiento más aconsejado para la salud de la mujer. A su juicio, la esterilidad –si la mujer no muere- es el resultado final de muchas enfermedades. Cuando una mujer enferma, Hipócrates establece dos pronósticos: o bien la muerte o bien la esterilidad, en cuyo caso debe ser tratada por el médico para que recupere su salud.

Para comprobar si una mujer está embarazada se pone un pesario* en la vagina, compuesto por una sustancia muy olorosa (ajo): si a la mañana siguiente le huele la boca a dicha sustancia es señal de embarazo; si no huele, no hay embarazo. Esto nos indica que hay comunicación entre todas las partes (órganos) del cuerpo, y si esta comunicación existe Hipócrates entiende que es posible el embarazo.

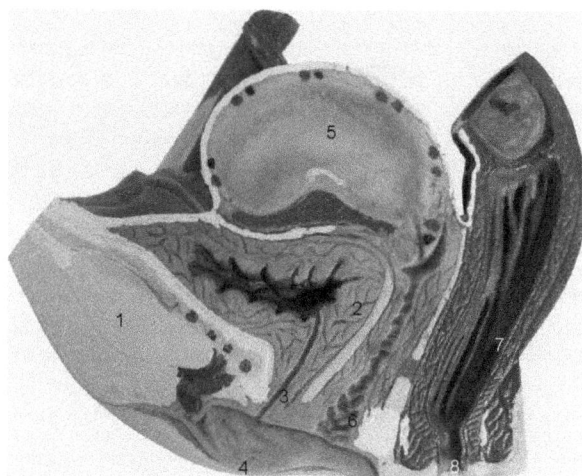

Aparato genitourinario femenino:1 sínfisis del pubis, 2 vejiga, 3 uretra, 4 labios menores y mayores, 5 útero, 6 vagina, 7 el recto, 8 ano. No se ven ni las trompas de Falopio ni los ovarios.

Para ver las posibilidades de embarazo de una mujer, propone dos técnicas: en ayunas se le da a beber mantequilla y leche de mujer que amamante a un varón (usado con mucha frecuencia), si eructa quedará embarazada. Con la otra se le da a beber anís triturado en agua, si nota picor en el ombligo quedará embarazada[126]. El autor no da explicaciones sobre estas dos técnicas, ni hace alusiones a los humores, como es habitual en su obra. Tal vez sea una concesión a la medicina popular, tan representada en sus *Tratados Ginecológicos*.

Según este sabio griego la mejor estación del año para la concepción es la primavera y establece una preparación para el coito desde el punto de vista médico, y que persigue dos fines: uno, lógicamente, conseguir la concepción; dos, mantener el prestigio (o poder) de los propios médicos. Gracias a sus numerosas intervenciones, inclusive en actividades tan íntimas como el coito, aseguran su participación y refuerzan su prestigio "medicalizando" todo el proceso con la excusa de conseguir embarazos.

La preparación, que como decíamos antes representa para la mujer una purificación terapéutica que completa a la natural –la menstruación-, es la siguiente: el varón tiene que acudir comido y bebido (vino fuerte y puro), aunque debe estar sobrio, y puede darse baños fríos. Ella, en contraste, debe estar en ayunas, tras conseguir la purificación o expulsión de humores, mediante un tratamiento con pesarios*, purgas y vómitos. No parece que éstas sean las mejores condiciones para el coito, a no ser que se quiera asociar el coito a un castigo.

Como apuntábamos antes, para propiciar el embarazo las relaciones sexuales se realizarán al acabar o comenzar la

---

[123] En 1672, Reigner Graaf descubre los óvulos. En 1679 Anton Van Leeuwenhoek , observa por primera vez los espermatozoides.
[124] El momento óptimo para la fecundación es en la ovulación, a partir de los catorce días de iniciar la regla, durante varios días.
[125] Véase la página 14 de este trabajo.

[126] HIPÓCRATES: *Tratado... Steril.*, 2.

menstruación, aunque el autor se inclina preferentemente por la segunda (considera decisivos estos días). La humedad o la sequedad no favorecen el embarazo, a no ser que sean de su constitución innata.

En el acto debe confluir el semen de ambos[127], y la mujer debe retener en su interior el del varón. Si lo expulsa inmediatamente es porque el cuello del útero está desviado. Si la expulsión es al segundo o tercer día es porque la matriz está húmeda y el esperma empapado. Si es al sexto día o a la semana, se ha podrido. En fin, para que sea efectivo debe retenerlo de 10 a 12 días.

Durante el coito, considera que es señal de retención del semen del hombre cuando la mujer no nota la eyaculación. Esto es debido a la sequedad que ella siente debido a las purgas previas que han evacuado los humores del útero, lo cual significa que el tratamiento ha sido correcto.

Para engendrar un varón el acto sexual se hará al finalizar la regla o una vez totalmente finalizada. Hay que realizar una penetración profunda, y el hombre debe atarse el testículo izquierdo lo más fuerte que pueda. Una vez embarazada de un niño, la mujer conserva un buen color de cara. Para engendrar una mujer el acto sexual se realizará en el momento de regla más abundante, y el hombre debe atarse el testículo derecho[128]. En el embarazo de una niña, a la mujer le salen pecas en la cara.

Aunque los síntomas no sean evidentes, resulta posible reconocer el embarazo gracias a la aparición de algunos signos: la mujer tendrá los ojos contraídos y hundidos y la parte blanca estará lívida[129]. Esta lividez se produce porque la parte pura de su sangre va al feto para alimentarle. Además de este síntoma, la embarazada tiene ganas de probar alimentos raros, padece náuseas y está débil por la falta de sangre.

Para **Aristóteles** la fecundación se realiza al acabar la regla, de modo que la mujer no puede concebir durante la menstruación, y ello es así porque la potencia (el semen del varón) es arrastrada debido a la gran cantidad de flujo menstrual. Sin embargo, para concebir debe haber menstruación previa, pues cuando no hay la potencia del varón no encuentra alimento, ni materia, y por tanto no hay embarazo.

Para engendrar debe haber una simetría en la pareja, aunque también influyen otros factores, como el país, el agua, los alimentos y la temperatura. Las aguas duras y frías, por ejemplo, producen esterilidad o hembras. Si se realiza la cópula con el viento del norte, se engendran más machos que con el del sur, pues con éste los cuerpos están más húmedos, por lo que hay más residuo y es más difícil de cocer, hace más líquido el esperma y la secreción menstrual. Si prevalece el movimiento, el feto

será macho, y en caso contrario será hembra –recuérdese que ésta se define no por sí misma sino por lo que no es el varón-.

El hombre puede obtener varios fetos de una sola cópula, puesto que en caso de exceso de esperma éste puede dividirse y dar lugar a varios seres. Igualmente, puede obtener varios fetos de cópulas sucesivas: este caso ocurre cuando no se cierra el útero en el embarazo. Aunque Aristóteles reconoce que es raro, esta situación puede darse en las yeguas y en las mujeres: *"son los únicos animales que aceptan la cópula cuando están preñadas"*[130].

Este autor relaciona la lascivia de yeguas y de mujeres con la escasez o inexistencia de reglas y con la esterilidad: cuando no se expulsa el semen, que en la mujer es equivalente a la sangre menstrual, en las hembras se presenta lascivia como en los machos. Esta incontinencia sexual cesa cuando la mujer ha tenido muchos hijos[131]. Ello nos lleva a pensar que los numerosos, sucesivos y peligrosos partos, aconsejados por los médicos como un remedio para la enfermedad, realmente se usan como freno a la sexualidad femenina.

Siguiendo la línea de los anteriores, **Arib Ibn Said** explica que la concepción se realiza al acabar la menstruación y la purificación, al no quedar sangre en el útero que pudiera corromper el semen. En una referencia a los antiguos árabes, afirma que estos no copulaban con la mujer durante la regla porque lo consideraban desagradable para ellos, hasta el punto de que si el embarazo hubiera tenido lugar durante la menstruación se le denomina abyecto. Se entiende, pues, la necesidad de la purificación antes de la cópula.

Al describir los síntomas de embarazo coincide con Hipócrates: *"Un signo de estar embarazada la mujer es, que fluyen pocas secreciones tras el coito y en el momento del coito tiene escalofríos y le duele ligeramente entre el ombligo y la vulva está seca y el orificio del útero está cerrado. Otros signos de embarazo son: La mujer no tiene apetito sexual, y tiene los vasos de su pecho del color de los puerros, los pechos erguidos y el blanco de sus ojos alterado y toma su cara un color terroso"*[132]. Los ojos adquieren un color alterado, aunque Arib Ibn Said, al contrario que Hipócrates que sí lo hace, no explica esta circunstancia.

Una prueba del embarazo consiste en que la mujer tome por la noche agua con miel: si tiene cólicos alrededor del ombligo, está embarazada. También emplea el sistema clásico, el del ajo en pesario* de Hipócrates.

En el libro de **Dinah**, su autor no cree necesario tener que argumentar sus afirmaciones, ya que una mujer no necesita saber. Establece que el momento de la

---

[127] HIPÓCRATES: *Tratado...*, Mul.I,17
[128] *Ibídem*, Superf. 31.
[129] *Ibídem*, Superf. 16.

[130] ARISTÓTELES: *Reproducción...*, 773b25.
[131] ARISTÓTELES: *Reproducción...*, 774a1.
[132] ARIB IBN SAID: *El libro de la generación del feto...*, cap. IV p. 68.

fecundación será al finalizar la menstruación y explica, porque eso sí es importante para una mujer, los síntomas de embarazo, como que el flujo será regular, la sangre pura y clara (en el embarazo no hay menstruación); el orificio de la matriz estará derecho; el cuerpo entre la rigidez y la flexibilidad, pero en buen estado de salud (como Hipócrates relaciona embarazo con salud). También comenta un síntoma de embarazo que a nuestros ojos parece extraño y que coincide con lo que dice Arib Ibn Said: después del coito aparece en la mujer angustia y cerrazón del orificio, lo cual indica que hay embarazo.

Bernardo de Gordonio afirma que en el coito hay tres cosas necesarias: calor, ventosidad y humedad. Según Avicena, el cerebro pone el sentido, el corazón el espíritu y el viento, y el hígado la sangre y el deseo. El macho, debido a la abundancia de humores, siente deseos que dependen de los riñones y del hígado. A partir de la tercera digestión el hombre tiene esperma para expulsar en la matriz, "nunca en otro orificio"[133]. Si el semen permanece en la matriz habrá embarazo.

Este autor también aconseja cómo ha de llevarse a cabo el coito (dentro de la línea de intervención médica en asuntos personales, indicada más arriba): "*Ambos deben ser moderados en comer y beber, ordenados en las otras seis cosas no naturales[134], deben haber digerido el alimento y lanzado las superfluidades. Después de media noche y antes del día el varón debe despertar a la hembra hablándole, besándola y tocándole las tetas, el pendejo* y el peritoneo... para avivar el deseo en la mujer y para que las dos simientes concurran conjuntamente...la mujer debe extender sus piernas y dormir...*"[135].

Como todos, establece los síntomas de embarazo: la mujer siente horripilación_hacia sus vergüenzas, adelgazamiento en la zona del ombligo, retención de esperma, desaparición de la menstruación, disminución del deseo sexual, orina rojiza y residuos como de algodón, cerrazón de la boca de la matriz, la miel le produce retortijones, aumento de los pechos, dolor de cabeza, quiere cosas diversas y a veces feas, pero el síntoma más seguro es cuando el varón refiere sequedad en la verga después del coito[136].

El *Tratado sobre la concepción* da unos consejos prácticos generales para lograr el embarazo. Según el autor, son prescripciones generales eficaces para concebir o retener el semen. El hombre pone su semen, la obligación de la mujer es recogerlo: si no lo hace y no se fecunda, la culpa es de ella (como Aristóteles). Evidentemente considera que la fecundación está en relación con la retención o no de semen tras el coito: esta idea, difundida ampliamente desde Hipócrates, hace a

todas las mujeres estériles (puesto que es normal no retener una gran cantidad de semen) y, lo más importante, convierte a todas las mujeres en clientes potenciales de los médicos para prevenir la mayor desgracia que le puede ocurrir a una mujer, ser estéril; así, con cualquier tratamiento (pensamos que a pesar de estos tratamientos) en las mayoría de las mujeres hay embarazo, lo que realza la figura del médico.

Las prescripciones para el embarazo que se recogen en este tratado siguen a Hipócrates: antes de la cópula, es necesaria la depuración de los menstruos, con purgas por arriba, por abajo (vómitos y diarreas), purgas de la matriz (pesarios*), ayunos..., para evacuar los humores y una vez purificada la mujer, que se acueste con su marido. Explica que estos tratamientos[137] deben hacerse a primera hora de la noche, antes de que llegue el varón. En la unión con el varón, aconseja caricias (influencia de los médicos árabes). También aclara que ambos espermas se emitirán al mismo tiempo, y después no debe entrar aire entre ellos dos (apoyándose el varón con fuerza sobre la mujer). Después de la cópula y hasta que se logre el embarazo, se aplicarán pesarios* hechos con elementos de la medicina popular supersticiosa, como cuajo y matriz de liebre, testículos de zorro o de liebre[138].

Los síntomas del embarazo son: cierre de la matriz, que debe verificar la comadrona. Repentina pesadez de los ojos. Dolor y punzadas en el vientre. Horripilación y torpeza. Pesadez en las piernas. Alteración del apetito.

Una vez embarazada la mujer se aplica un tratamiento cuya utilidad no entendemos, puesto que después de todo ya se ha conseguido el embarazo, a no ser que se quiera asegurar el logro, en una época en la que muchos de los embarazos no acababan en un parto viable. Se hace a base de cuajo de liebre y otros componentes vegetales y minerales. Si la mujer está débil se añade azúcar (como Hipócrates).

FORMACIÓN DEL FETO

Para nuestros autores lo fundamental en la formación del feto es la diferenciación entre el feto femenino y el masculino. El interés en averiguarlo antes de nacer es un asunto que se compagina con la importancia que le dan al pronóstico y a la capacidad de adivinación del médico. El lugar de colocación del feto en el útero, sus movimientos y el aspecto de la madre durante el embarazo son los parámetros en los que se basan los médicos medievales para realizar dicha predicción.

La alimentación del feto también es motivo de curiosidad y estudio. Todos están de acuerdo en que es la sangre menstrual la encargada de esta alimentación. Como esta sangre no se expulsa (es evidente que durante el embarazo se interrumpen las reglas), se transforma en

---

[133] BERNARDO DE GORDONIO: *Lilio...*, p. 1406.
[134] Son el aire, ejercicio y descanso, sueño y vigilia, comida y bebida, excreción y retención de cosas superfluas, pasiones o perturbaciones del espíritu, todas ellas establecidas por Galeno.
[135] BERNARDO DE GORDONIO: *Lilio...*, p. 1501.
[136] *Ibídem, Lilio...*, p. 1504.

[137] CONDE PARRADO, E., MORENO CARTELLE, E., HERRERO INGELMO, M.C.: *Tractatus de conceptu. Tractatus de sterilitate mulierum.* Valladolid, 1999, X5.
[138] La liebre es un animal muy prolífico.

alimento para el feto durante el embarazo y, una vez que nace, en leche para el niño.

Hipócrates y Galeno no tratan estos asuntos, mientras que **Aristóteles** se limita indicar que lo primero que se distingue en el feto es el corazón (teoría cardiocéntrica), sustentando esta teoría en la idea de que el calor está en el corazón, donde se forma la sangre que circula por los vasos sanguíneos, que es el alimento en su última cocción. El corazón es, pues, la parte más importante del cuerpo, porque rige el funcionamiento del mismo.

Arib Ibn Said, por el contrario, es el autor que escribe con más detalle la evolución del embrión*:

1.- A los siete días cambia el semen, "a algo parecido a la espuma".
2.-Siete días más tarde se convierte en algo parecido a la sangre.
3.- A los veinte días, en algo parecido a un cuajarón de sangre.
4.- A los cuarenta días se distingue el varón[139].
5.- Cuarenta días más se distingue la hembra.

El embrión se hincha y crece por el aire de la respiración de la mujer que, procedente del exterior, llega por el cordón umbilical. También a través del cordón llega el alimento desde la sangre de la madre (ahora sin menstruación), que entra en el útero desde otros órganos (como Hipócrates).

El feto está en una membrana llamada amnios*, en posición fetal. Para comprobar esto sugiere tomar veinte huevos e incubarlos, abriendo cada día uno para ver la evolución fetal. Este experimento fue puesto en práctica por Aristóteles, pero antes ya había sido citado por Hipócrates. En cuanto a la posición del feto, diferencia al varón de la hembra: la cara del varón está orientada hacia la espalda, la de la hembra hacia la parte delantera de la madre.
Por lo que respecta a la formación, cita a Hipócrates y a Aristóteles: según uno, lo primero que se forma es el cerebro; según el otro, el corazón. Arib Ibn Said, no obstante, no se decanta claramente por ninguna de las dos teorías. Afirma, eso sí, que el feto varón se forma antes

por el calor, pero una vez nacido tarda más en crecer por la sequedad. Se mueve en el útero a los tres meses. La mujer tarda más en formarse por la frialdad, pero una vez nacida envejece antes por la humedad. Se mueve a los cuatro meses.

Los fetos pequeños son producto de úteros pequeños y con poco alimento, aunque el padre sea corpulento. Las malformaciones se deben a la forma del útero, que actúa como si fuera un molde. De esta forma tenemos otro elemento para culpabilizar a la mujer, en este caso de la malformación del feto: el útero, único órgano que no tiene equivalencia en la anatomía masculina, es el responsable de esta deficiencia de los hijos de los hombres.

El embarazo dura nueve meses lunares (este mes tiene veintinueve días y medio), doscientos sesenta y cinco días y medio. Se considera un feto postmaduro* el que nace a los once meses, aunque el autor piensa que puede haber un error de cálculo; cita a científicos (suponemos que a los religiosos árabes) que refieren embarazos de dieciséis meses, de dos años, o de treinta meses[140]. La literatura médica hebrea también habla de este tipo de embarazos tan prolongados.

A veces se forman dos o tres hijos en un solo embarazo, procedente de un semen único. En tales casos cada embrión se coloca en una parte del útero y se aísla con su membrana.

Para averiguar el sexo del feto, hay que observar a la mujer: si la mama derecha es más grande, si hay picor en el lado derecho del útero, si las venas del lado derecho y de debajo de la lengua están más salientes, será varón. La prueba definitiva, no obstante, es el latido del antebrazo: si es más lleno el derecho, será varón. Arib Ibn Said considera una anomalía que este feto, por el sólo hecho de ser varón, sea defectuoso (Aristóteles confirmó lo contrario, eso sí justificándose en el mayor movimiento del varón). También puede observarse otro indicio: según el pie que mueva primero la mujer al levantarse, o la pesadez de un lado del útero, o el movimiento del ojo de ese mismo lado. Siempre el derecho se relaciona con el varón, el izquierdo con la mujer.

Bernardo de Gordonio, por su parte, al explicar la formación de feto, sostiene que la sangre menstrual se divide en cuatro partes: la primera se mezcla con la sangre y forma los miembros, la segunda alimenta a los miembros y forma los dientes, la tercera va a las mamas y forma la leche, la cuarta se limpia en el parto.

Para **Dinah**, el feto es varón si se mueve rápidamente, la cara de la mujer es hermosa y el seno derecho está más inflamado. En el embarazo la madre debe escuchar buena música y hacer agradables lecturas. Los antojos aparecen por una abundancia de humores.

---

[139] En el momento de la fecundación, la madre proporciona un cromosoma X y el padre un cromosoma X o uno Y, dando lugar a la formación de un embrión XX (femenino) o XY (masculino). A pesar de esta definición inmediata del sexo genético, los genitales externos e internos de los embriones femeninos y masculinos son idénticos hasta la séptima u octava semana del embarazo. En estas primeras semanas, los embriones tienen dos gónadas, que son órganos indefinidos; durante el embarazo, se convertirán en testículos o en ovarios, según exista o no un cromosoma Y en el embrión. Este cromosoma transporta el gen responsable de la formación de los testículos que segregan testosterona, hormona que determinará la evolución de los genitales internos y externos masculinos.

[140] ARIB IBN SAID: *El libro de la generación del feto...*, p. 76.

Al séptimo mes la madre tendrá tranquilidad y usará ropas no ajustadas para no comprimir el vientre ni los senos. Al octavo mes se recomienda reposo, no debe hacer esfuerzos, reducir los alimentos, sostener el vientre con fajas y aplicar sobre él aceite de mirto, para evitar la ruptura con los esfuerzos del parto. Al término del octavo mes aflojar las fajas por abajo y apretar por arriba para facilitar la salida del feto. Se pondrán pesarios*. La mujer debe evitar el coito con el hombre para que el feto no sea sacudido y no aparezcan lesiones en la matriz.

La piel que rodea al feto se llama amnios*; la placenta, al fondo de la matriz, se llama secundina* porque sale después del feto, está formada por nervios, membranas y carne con un color propio. El cordón umbilical* tiene dos canales y dos arterias por donde entra la sangre al feto.

PARTO

El parto es la finalización del embarazo. Momento terrible para la mujer, por lo que supone de riesgo para su vida –recuérdese que las posibilidades de morir en el parto eran muy elevadas tanto en la Antigüedad como en la Edad Media- y por supuesto para su salud. También es el momento de responder adecuadamente a las demandas de la sociedad y de su marido, que esperan de ella muchos hijos sanos, principalmente varones; además tiene que seguir las recomendaciones de los médicos, que no la atienden en el parto, pero que intervienen en su actividad sexual, en sus embarazos, en sus menstruaciones, en su fecundidad y en su etapa no fecunda, controlando su vida y alterando su fisiología para que encaje en la idea que de ella tienen estos hombres.

La mujer, a diferencia de las hembras de los otros mamíferos, no puede parir sola, si no que necesita a terceras personas que la ayuden. Éstas últimas suelen ser mujeres con experiencia, pero con conocimientos muy rudimentarios sobre la anatomía y fisiología, al igual que los médicos; las parteras o comadronas, sin embargo serán el único apoyo que tendrá la mujer, aunque sólo sea por el hecho de que son mujeres que han pasado ya por esta situación, condición imprescindible para ser parteras. Eso sí, no deben estar en edad fértil.

Hipócrates considera que la mujer que ha parido tiene menos problemas con sus menstruaciones, pues su matriz está dilatada y acostumbrada a llenarse, igual que todo su cuerpo, que se ha dilatado para que circule la sangre. En caso de tener enfermedades estas mujeres las superarán mejor que las nulíparas*. En general se relaciona el embarazo y el parto con la salud femenina.

Establece el inicio del parto por los siguientes signos: aumento de la frecuencia respiratoria, el vientre hinchado y caliente, lumbalgia por la presión del feto, molestias en el cardias* por las contracciones uterinas. El cuello uterino de la mujer embarazada está próximo al exterior antes del parto (suponemos que se refiere a la dilatación del canal del parto). No hace ninguna alusión al dolor.

Si el niño sale con dificultad y con ayuda del médico es difícil que sobreviva: Hipócrates reconoce que cuando tiene que ayudar a nacer a un niño, las posibilidades de vivir son pocas, bien porque los médicos atienden solo a los partos muy difíciles, bien porque su experiencia en asistencia a los partos es muy limitada.

No se cortará el cordón antes de que el niño orine, estornude o grite. Si se infla el cordón y el cuello del útero, el niño se moverá y respirará. Entonces es cuando hay que cortar para que la criatura sobreviva.

Los problemas que pueden darse una vez finalizado el parto son: exceso de flujo, no retención de alimentos; vómitos de sangre por daño del canal del hígado; ulceración del orificio uterino, que se soluciona con astringentes* (en realidad estos ulceran más). Si no sale la placenta, se aconseja ayuno.

Si la mujer no puede parir, pero hay dolores, se debe a la mala presentación del feto, que no sale por estar de costado o con los pies por delante. Hace una comparación muy gráfica: un hueso de fruta en el cuello de una vasija estrecha. En estos casos, suele morir la madre, el feto o ambos.

La expulsión de los loquios* o sea la recuperación de la mujer después del parto, (el puerperio de hoy) es de 25 a 42 días si ha nacido niña y de 20 a 30 días si es niño. Si el feto está muerto la purificación dependerá del tiempo de gestación.

Ofrece varios remedios para la purificación después del parto y también para el orificio de la matriz cerrado o duro o ulcerado, rugoso o irritado. En todos suele aplicar pesarios*. En caso de aborto (espontáneo) se purga la matriz, se administran pesarios* y sondas de plomo*. Para una embarazada con pérdidas aconseja pesarios* elaborados, entre otras cosas, con estiércol seco de burro.

Para la matriz que sale hacia fuera "más allá de lo que es natural" (prolapso*), con oliguria (poca orina) o retención de orina, se provocan vómitos, para que la matriz se retire hacia arriba, fumigaciones con buen y mal olor, en nariz y genitales respectivamente para que se desplace[141] hacia el buen olor, se da a beber vino blanco y que se acueste con su marido.

Para corregir la matriz que sale completamente hacia fuera, debido a los esfuerzos después del parto o por relaciones con su marido durante los loquios* (puerperio), la mujer no debe tomar alimentos sólidos y beber poco durante siete días, se debe raspar la parte externa de la matriz, hacer una sucusión* con la cabeza hacia abajo para que la matriz entre en su sitio o atar las

---

[141] La matriz se atrae al lugar que queremos con el buen olor y se desplaza al lugar contrario del mal olor. Si está desplazada hacia abajo, se aplican fumigaciones de buen olor en la nariz, para que suba a su sitio. Si el desplazamiento es hacia arriba, las fumigaciones olorosas se aplican en los genitales. O bien con fumigaciones malolientes que se aplicarían al contrario.

piernas cruzadas durante un día. Aplicar ventosas* y que no se lave.

Si hubiera dolor y sangrado durante el coito, se propone un tratamiento oral, usando de excipiente el vino blanco.

Para **Aristóteles** el nacimiento normal de todos los animales es por la cabeza, porque las partes de la zona superior son más grandes y pesadas que las de la zona inferior. Pone como ejemplo una balanza: el fiel sería el cordón umbilical y lógicamente siempre se inclinará hacia la zona de la cabeza. El tiempo de gestación depende de los años de vida de los animales y de su tamaño: a mayor longevidad o tamaño, mayor tiempo de gestación. En el caso del género humano, el tiempo máximo de gestación es de diez meses.

Arib ibn Said y el libro de **Dinah** tienen bastantes semejanzas a la hora de abordar el parto: tanto en la organización del texto como en las descripciones y técnicas están alejados de largas explicaciones sobre los humores. Por el contrario, se centran en la práctica, como si estos textos estuvieran hechos para las mujeres y para las parteras, pues es sabido que los médicos no atendían los partos, por lo que las principales lectoras de estos textos posiblemente fueran las comadronas. Arib ibn Said emplea tratamientos farmacológicos, algunos de la medicina popular y amuletos.

Para **Arib ibn Said** los signos del parto son: "*La mujer se queja de un peso en su espalda y del bajo vientre. El útero se levanta y su orificio se abre, se ablanda su tacto y se encuentra algo de humedad cuando toca la mano de la comadrona su orificio. Las membranas del vientre (peritoneo) se contraen, se hinchan las raíces de los muslos, las orinas aumentan y sale con ellas un líquido húmedo y viscoso, a veces sale con él sangre a causa del deslizamiento de la placenta de su sitio y la separación de su unión por el estiramiento del feto que potencia su movimiento, sacude su cuerpo, sus pies y rompe sus ligamentos (membranas)*"[142].

Explica con detalles la preparación del parto:

1.- La mujer debe dar paseos y tener reposo.
2.- Tiene en cuenta las cualidades de la comadrona.
3.- Emplea la silla de partos, indicando la situación de la comadrona que se pondrá delante de la mujer, con dos mujeres a los lados y una detrás.
4.- Tras la rotura de aguas se sujetará la cabeza del feto, se favorecerá el estornudo (posiblemente el llanto) del mismo, como anteriormente Hipócrates. Aconseja que todo se haga con suavidad.
5.- Ligará el cordón umbilical y lo cortará con un trozo de vidrio, con tela fina o con un palo afilado; es de mal augurio emplear hierro. Bañará al niño en agua salada con plantas.
6.- La comadrona, recogerá al feto en una tela, rasurará "los órganos de la cabeza", le colocará y envolverá en una tela suave, la cabeza en lana cardada, y lo pondrá en una habitación con temperatura suave, atmósfera perfumada y con poco sol. El colchón no será muy blando, con la cabeza más alta que los pies (ahora se hace al contrario, con la cabeza más baja). Se le dará miel y después lactancia natural de otra mujer que no sea su madre, durante cuatro días.

Las dificultades del parto son atribuidas a distintas causas: algunas se atribuyen a la situación de la mujer, como es el caso de que padezca tristezas, estrechez del canal del útero o excesiva grasa. Otras se achacan al feto: muerte, dificultad para salir, presentación de pie o de costado. Otras, en fin, a condicionamientos externos, como el frío o el calor intensos.

Durante el parto aplica remedios por vía oral y vaginal, como los pesarios* (de ceniza de pezuña de asno o de caballo), ungüentos para el útero "por dentro y por fuera" (de estiércol de nidos de vencejos). Y amuletos (muy frecuentes en el parto), como ataduras en las piernas de euforbio* (tóxico), higos y coloquíntida*. Las presentaciones del feto son: cefálica, sale primero la cabeza -es la mejor-; podálica, salen primero los pies; de manos.

La placenta se origina a partir de la transformación de parte del semen o de la sangre menstrual. Está constituida por carne, músculos y venas, tiene una forma variable que se adapta al útero. Se inserta en ella el cordón, por donde entra sangre que alimenta al feto y la orina de éste pasa al líquido amniótico. Para extraerla es necesario hacerlo con suavidad, se hace estornudar a la mujer, se dan baños y fricciones; otra posibilidad es meter la mano en el útero, o perforarla con un trozo de plomo para hacerla caer. También utilizan fumigaciones*.

Es frecuente encontrar médicos que asocian la fisiología humana a los astros. La creencia de que éstos influyen sobre el embarazo y el parto es muy antigua, y su implantación tan fuerte que aún hoy podemos encontrar restos (todavía se oye que los nacidos en el octavo mes de embarazo tienen menos posibilidades de vivir que los nacidos en el séptimo). En el siglo X, cuando los conocimientos eran tan limitados y los recursos similares a los del siglo V a.C. estas creencias servían para dar seguridad o por lo menos consuelo a las mujeres en un momento tan difícil como el parto.

Arib ibn Said siguiendo a los antiguos, desarrolla la influencia astral mes a mes, sobre el feto y su desarrollo. Por su interés, reproducimos a continuación sus indicaciones al respecto[143]:

**El feto en el primer mes cuando el esperma no ha dado forma está bajo la influencia (o gobierno) de <u>Saturno</u> que es una estrella de naturaleza fría y seca y corrupta y por esto es el esperma una masa congelada sin percepción ni movimiento.*

[142] ARIB IBN SAID: *El libro de la generación del feto...* cap. VIII p. 95

[143] ARJONA CASTRO, A.: *El libro de la generación del feto...*, cap. VI p. 83.

**En el segundo mes el feto está bajo la influencia de Júpiter que es de naturaleza caliente y húmeda. En él comienza el desarrollo y crecimiento y se convierte en un pedazo de carne y sí es varón su color será blanco y su forma redonda. Sí es hembra será de color rojo y su forma es como un plátano.

**En el tercer mes el feto esta bajo el gobierno de Marte que es por naturaleza cálida y seca y se convierte el esperma en un pedazo de carne cortada (una morcilla) con nervio (o fibra) y aparece en él la sangre.

**En el mes cuarto el feto está bajo la influencia del Sol, que es cálido y seco y gobierna las criaturas, y se inicia el movimiento manifestándose la formación del sexo de una manera completa.

**Durante el quinto mes el feto está influenciado por Venus que es frío formándose su cerebro su hueso y la piel.

**En el sexto mes bajo la influencia de Mercurio que está equilibrado entre el calor y la sequedad. Entonces se forma la lengua y el oído

**En séptimo mes, está bajo la influencia de la Luna la que le da un movimiento rápido y se perfecciona

**Si permanece en el útero vuelve en el octavo mes bajo la influencia de Saturno, frío, seco, corruptor. Se aquieta en el útero y enferma, y si nace en este mes no vive.

**Luego vive en el noveno mes bajo la influencia de Júpiter también que es cálido, húmedo, es un periodo de vida y desarrollo. Y si nace en él el feto vive y del mismo modo en el mes décimo.

La gestación duraba 288 días o más, de modo que si el feto nace con este tiempo vivirá; si nace a los 202 días y medio no vive y se considera un aborto; a los 257 días ya puede vivir. Si nace antes del séptimo mes no vive el feto, y si nace en el octavo mes muere el feto y la mujer, porque están bajo la influencia de Saturno, que hace enfermar y quita la movilidad.

En **Dinah** los signos del parto son: los senos de forma súbita y sin motivo se contraen, la mujer siente frío, pesadez en el vientre, se derrama un humor malo[144], caldeamiento de los riñones, dolor de nalgas y de caderas que se irradia hacia las partes bajas, abertura del orificio y derrame de humores. El abdomen cae (por el descenso del feto) con incontinencia urinaria (es frecuente en el tercer trimestre, por la presión del útero sobre la vejiga), al tacto la partera notará un casquete del tamaño de un huevo, la cabeza del feto. El humor emitido será poco al principio, después importante y mezclado con sangre.

El dolor de parto es distinto al del coito: el primero sirve para abrir, el segundo para cerrar[145]. Establece que en el coito debe haber dolor y relaciona ambas situaciones como negativas para la mujer. Es el único autor que se

refiere al dolor en el parto, puesto que al del coito ya se había referido Hipócrates, aconsejando tratamiento médico para este dolor.

A las mujeres que tienen una amenaza de aborto, como las jóvenes, las prostitutas y las enfermas con problemas de matriz, según el padre de Dinah, es mejor administrar un abortivo y aniquilar el embarazo, para evitar el riesgo de muerte en el parto (entre el séptimo y el décimo mes, que se presupone complicado).

La preparación del parto, la relata de forma minuciosa como Arib Ibn Said:

1.- Silla de parto con el orificio, esponja suave de algodón, cinchas y almohadas.

2.- Cama para descansar antes y después. Si tiene buena dilatación podrá parir en la cama.

3.- No aconseja la movilización, ni aseo, ni alimentación (solo si está enferma para reconfortarla), opinión contraria a la de los ancianos y de los griegos, que sí aconsejan dar masajes con aceite, movilizar, alimentar y lavar.

4.- La situación de las parteras será a derecha e izquierda y a la espalda de la parturienta.

5.- La partera con la mano untada en aceite, masajea la vagina, empuja con cuidado para evitar recalentamiento, hemorragias o caída de la matriz

6.- Debe envolverse las manos en un lienzo fino, para recoger al recién nacido.

Para expulsar la placenta la comadrona, con la mano derecha, despegará, empujará y tirará suavemente con pequeños golpes (suaves para no sacar la matriz). Es necesario tener caliente la matriz para que no se cierre (con baños, ungüentos y fumigaciones*), pero una vez que acaba el parto y alumbramiento*, la matriz debe cerrarse.

Los ancianos, muy citados en esta obra, dicen que en caso de retención de la placenta hay que hacer estornudar a la mujer y administrar purgantes orales, además ponerla de pie (es una variante de la sucusión*, pero sin cama ni golpes), para facilitar la salida de la placenta.

Después del parto viene el aseo de la zona. La mujer se acostará a oscuras, con las piernas entreabiertas para que pueda expulsar, y se pondrá un pesario o tampón de algodón que se cambiará regularmente; los desgarros se lavan con aceite caliente y vino. Si el parto ha sido trabajoso, la mujer se pone a dieta (en ayunas), al tercer día se le aplica un ungüento caliente en la cara y come pan mojado en agua caliente, harina cocida y huevos pasados por agua, bebiendo sólo agua caliente. En el séptimo día se prescribe baño, alimentación ligera y variada, y vino con agua (como los griegos). Tener durante siete días sin comer a una puérpera puede entenderse como un castigo (en estos días la mujer y todo lo que ella toca es impuro), no como tratamiento médico racional: el autor no explica el por qué de esta medida, pues un parto complicado no la justifica.

---

[144] La rotura del saco amniótico con la pérdida de líquido amniótico, es el inicio del parto, romper aguas se llama popularmente.

[145] La mujer tiene los cerrojos, Dios tiene llave, que los abre para que salga el feto o cierra después del parto; esta idea de la llave pertenece al ideario hebreo y al miedo que tiene el hombre al interior de la mujer, ya sean sus genitales internos o su psique, por eso lo mejor es que estén cerrados.

Se considera que un parto es complicado cuando el feto es muy grande, por presentar tres manos, por estar hinchado con viruela, cuando está enfermo o muerto o cualquier circunstancia contra natura que afecte a su cuerpo. Pero también cuando la parturienta es irascible, púdica, primípara, enferma, delgada, gorda o débil; cuando tiene la matriz caliente o enferma, el orificio estrecho, deformado o cerrado. O cuando tenga hemorroides, cálculo renal, rectal o constipación*. También por la mezcla de ambas situaciones.

La presentación del feto es: de cabeza, de pie, vuelto o doblado, a todo lo cual lo llama natural. Si sale una o las dos manos, la cara o las piernas dobladas, es no natural. Estas presentaciones se corrigen cambiando la posición de la mujer.

Si el feto no sale, la partera, con las uñas cortas y la mano derecha untada de aceite y cerrada, la mete en la matriz y dirige la salida del feto. Si está pegado tendrá que sacarlo delicadamente de donde esté. Si el feto no sale (porque es muy grande o está muerto) se hace una embriotomía* o una embriectomía*.

Después del niño debe salir la placenta, y si acaso no sale se cortará el cordón para separar al niño. Para esto hay que tirar suavemente de la placenta cuando se abre la matriz, sin forzar cuando se cierra. La apertura y cerrazón de la matriz es una idea recurrente en todos nuestros autores, relacionada con la idea del útero errante de Platón, como si pudiera abrirse o cerrase a voluntad o por la acción del calor o del frío o por la voluntad de Dios.

Si la placenta sale fragmentada la partera debe meter la mano y extraer los restos. Si tira bruscamente puede desprender la matriz y hacerla descender o producir inflamación. También se puede producir un absceso* que afecte a las paredes internas de la matriz y al orificio, con fiebre, dolores y opresión, a veces retención urinaria y constipación*. El padre de Dinah afirma que la placenta siempre es visible al ojo por la abertura del orificio.

Bernardo de Gordonio, dedica el capítulo XVI del libro VII a las dificultades del parto, y establece tres tipos de partos: el natural es de siete, nueve o diez meses de gestación (de ocho no lo considera natural), saliendo primero la cabeza con la cara mirando hacia abajo, después el resto del cuerpo. En el no natural salen primero los pies, las manos, los laterales o mirando hacia arriba. El tercer tipo, calificado de difícil, se presenta cuando a pesar del esfuerzo de la madre el feto no sale. Solo habla sobre este tercer caso, pues se supone que los anteriores eran cosa de las parteras y que el médico no intervenía. El parto con dificultad se produce por mucho calor o frío externo, por la impericia de las parteras, por lesiones en la matriz, por prematuridad, por enfermedades del vientre o por estreñimiento.

En el pronóstico sostiene que el feto varón sale con menos trabajo que la mujer. Si se retienen las secundinas*, los vapores retenidos pueden ir a la cabeza, al corazón o a cualquier otra parte, dando lugar a enfermedades; el tratamiento es expulsivo, provocando vómitos para hacer salir los humores. En este caso usa sustancias que pertenecen al terreno supersticioso popular (estiércol de buey, hollejo de culebra, uñas de caballo…).

LECHE

¿De dónde sale la leche que tiene la mujer después del parto (y según nuestros médicos también durante el embarazo) y cuya única función es alimentar al recién nacido? Para estos autores la leche procede de la sangre que va al útero (sangre menstrual), pero que como es necesaria para alimentar al niño se transforma en leche por efecto de la cocción de los alimentos, ayudado en este caso por la acción del calor del cercano corazón (las mamas están en el tórax, cerca del corazón).

Para **Hipócrates** la leche es residuo del alimento, la parte más dulce del líquido y de las comidas que ingieren las mujeres, que va a las mamas. Por esta razón el resto del cuerpo femenino tiene menos sangre cuando hay embarazo. Nuestros autores pensaban que la leche subía durante el embarazo, no tras el parto, lo cual indica el desinterés o poca capacidad de observación o alejamiento de las mujeres en aquellas actividades consideradas exclusivamente femeninas. Hay mujeres que no producen leche o se les retira antes de tiempo por ser de naturaleza sólida, por pasar poco fluido del vientre a las mamas, o por estar los conductos obstruidos.

Para **Aristóteles** es sangre cocida, no descompuesta. Cuando el feto necesita menos alimento para formarse, con ese residuo que ya no necesita se forma la leche. Establece que no puede coincidir la menstruación con el embarazo, ni lactancia con la menstruación, porque no hay residuo para tanto. La leche se concentra en las mamas, situadas en la parte superior del cuerpo, por encima del diafragma.

Arib ibn Said sigue lo trazado anteriormente por Hipócrates y Aristóteles. La leche es sangre menstrual, que una vez que nace el niño y ha servido para alimentarlo en el útero, sube a las mamas. En ellas los humores, con el calor del corazón cercano, se convierten en leche, y por tanto no hay menstruación. Al acabar la lactancia, esa sangre vuelve a la matriz para la menstruación. En caso de tener regla y lactancia, el humor se reparte si es abundante, y una parte puede ir a la menstruación.

En el libro de **Dinah** no hay explicaciones, solo respuestas prácticas ante esta pregunta de Dinah: ¿de quién debe tomar el niño la leche, de su madre o de la nodriza? La respuesta es la de su madre si está sana; a continuación describe las cualidades que deben tener las nodriza, entre ellas la higiene, cómo debe dar el pecho y el aseo del niño. Para tener leche suficiente para dos niños la nodriza beberá vino bien cocido. Los problemas del lactante se solucionan modificando la alimentación de la nodriza.

Para **Bernardo de Gordonio**, la leche es sangre que pasa a las mamas, y que disminuye cuando hay mucho flujo menstrual, cuando la madre come y bebe poco, o cuando realiza grandes trabajos, o también cuando hay mucha sangre pero de mala calidad. Tiene leche la mujer que concibió, que parió o cuando se detiene la menstruación[146]. Cuando no hay menstruación, esa sangre pasa a alimentar al feto en el útero o se convierte en leche cuando el niño ha nacido.

---

[146] BERNARDO DE GORDONIO: *Lilio...*, pp. 976-979.

CAPÍTULO V

ENFERMEDADES DE LA MUJER

SUMMARY

The fifth chapter deals with illnesses unique to women. It then discusses virginity, which, for the Greeks, was a cause of disease. Finally, it examines the molar pregnancy, which is an issue that concerned many of our doctors and philosophers because it was a strange pregnancy, one without a child, and without the involvement of a man. Does this assume that the woman can fertilize herself?

The fact that the woman is not a man is an illness. Whether or not she is continually pregnant, throughout her life she constantly needs medical attention, the only route possible during the period, to guide and to straighten her behavior towards the desired maternity. But at the same time, it was necessary to protect the man from the evils that could get him through contact with menstrual blood and the uterus.

RESUMEN

El capítulo quinto trata sobre las enfermedades propias de la mujer, también sobre la virginidad, que para los griegos es causa de enfermedades, y sobre la mola, cuestión que preocupaba a nuestros médicos y filósofos, porque era un embarazo extraño, sin niño y ¿sin la intervención del varón? ¿ésto supondría que la mujer puede fecundarse a sí misma?

Por el hecho de no ser varón la mujer es una enferma, esté constantemente embarazada o no, por lo que a lo largo de su vida siempre necesita atención médica, que guíe y enderece sus actividades para conseguir la deseada maternidad por la única vía posible en estos momentos, pero protegiendo al varón de los maleficios que pudiera ocasionarle el contacto con la sangre menstrual y el útero

ENFERMEDADES DE LA MUJER

La mujer, por el solo hecho de no ser varón, es una enferma, su cuerpo es imperfecto, blando, tiene un exceso de humores y su comportamiento la hace ociosa. Se llega a esta conclusión tras comparar su cuerpo con el del varón. El trabajo del embarazo, parto y lactancia no se considera actividad que requiera esfuerzo, pues consiste en llevar a cabo la obligación que tiene la mujer por poseer útero (único órgano sin equivalencia en el varón), que es tener hijos, y de paso perder la vehemencia en el sexo por los sucesivos partos. Así que tenemos el útero y la sangre menstrual (impura) que hay en él como los culpables de las enfermedades de la mujer, especialmente de las propias del aparato genital, como inflamaciones, desplazamientos del útero, retención o abundancia de la regla. Incluyen nuestros autores en este apartado de enfermedades a la esterilidad, el parto, los abortos y la no retención por parte de la mujer del esperma del varón. Sin embargo las enfermedades de las mamas no aparecen, se las cita para mantenerlas en un tamaño pequeño y en el *Capítulo de mujeres* se trata sobre algunos problemas como la inflamación o los apostemas*.

Pero el útero y el menstruo también son culpables de otras enfermedades ajenas al aparato reproductor, como lepra*, viruela*, epilepsia*, sarna*, dolor de cabeza, parálisis y diversas afectaciones de otros órganos incluida la mente. No sólo actúan negativamente en la mujer, sino que también pueden afectar al varón provocando diversas enfermedades, entre las que se incluye el amor hereos.

Hipócrates, en estos tratados ginecológicos, hace una amplia y detallada descripción de las enfermedades de la mujer: hace el pronóstico*, muy similar en todas las enfermedades, que consiste en la curación si la mujer sigue su tratamiento o la muerte, la esterilidad o bien otras secuelas si no lo sigue. Da instrucciones y pone múltiples tratamientos para cada diagnostico, algunos detallados de forma exhaustiva. El objetivo de estos tratamientos es conseguir el embarazo o más bien el estado de permanente embarazo.

El primer libro trata sobre los problemas relativos a la fecundación* (entre los que se incluyen la capacidad de la mujer de retener el semen del varón, aunque si lo retiene en exceso, lo pudre), sobre el embarazo, parto y puerperio, y las características de la matriz, si tiene el cuello desviado, abierto o grasiento; también sobre la mola*, sobre anticonceptivos, remedios para acelerar el parto, para expulsar los loquios*, prueba del embarazo, remedios para expulsar el feto y para matar el feto que no se mueve. Está claro que ya en el siglo V a. C. el embarazo y parto eran considerados como estados patológicos y por ello la necesidad que tenían las mujeres de asistencia médica.

También se abordan aquí algunas enfermedades infantiles como la tos, problemas de evacuación, disnea (dificultad respiratoria) y vómitos. Y otras generales: dolores de gota, poner en su sitio el ano, lientería*, resfriados, disentería*, tenesmo*…, no entendemos la relación de éstas con las enfermedades ginecológicas.

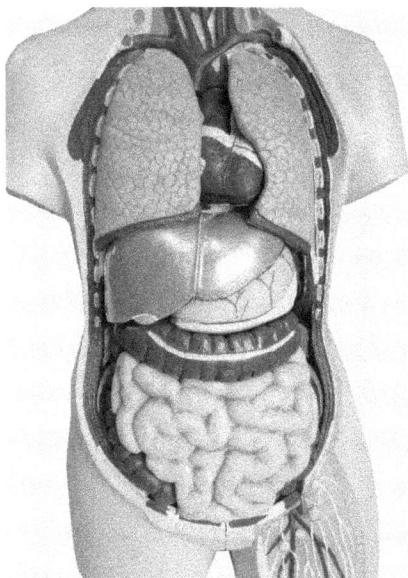

Los órganos torácicos y abdominales ocupan el interior del cuerpo. Útero y ovarios estarían más abajo, justo detrás de la sínfisis del pubis.

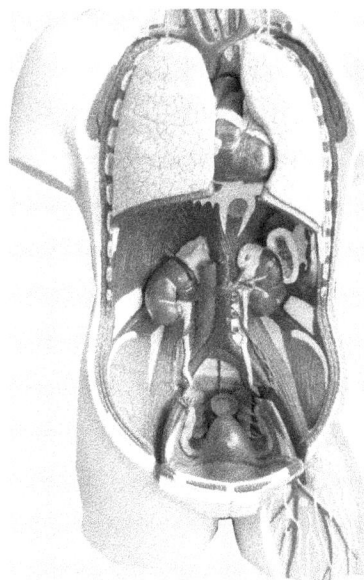

Al faltar el aparato digestivo, observamos los riñones, los grandes vasos abdominales (aorta abdominal y cava inferior) y abajo el útero, trompas y ovarios por delante del recto.

El segundo libro se centra en las enfermedades de la matriz y en los distintos tipos de flujos, las aftas* y las verrugas, también si está dura, cerrada, ulcerada, encallecida, abierta, lisa, inflamada, grasienta y carnosa, si hay aire o dolor de útero. Sea cual sea su forma y situación siempre debe tratarse, pues el problema que ocasiona es que no atrae o retiene el semen del varón. Otro apartado importante son los desplazamientos del útero, hacia la cabeza, corazón, hipocondrios*, hígado, hacia abajo, hacia los costados, a la región lumbar, hacia los lados, a la vejiga, hacia el ano, hacia derecha o izquierda o bien salida de los genitales hacia el exterior. Según la zona hacia la que se desplaza puede provocar sofocación (la futura apnea histérica de Galeno), con: afonía, dolor en el bajo vientre, estranguria*, ganas de defecar... Si es el orificio del útero el que se desplaza hacia la cadera, impide la salida del menstruo y la entrada de esperma masculino, por lo tanto no concibe y en este caso el tratamiento consiste en enderezarlo. Las pérdidas de sangre tienen un mal pronóstico: predice la muerte en la mayoría de los casos y el tratamiento lo basa en la evacuación de humores.

Por último un apartado sobre tratamientos de belleza (que retomarán los médicos medievales): halitosis (aliento fétido), vello en el pecho, para embellecer la cara, para las arrugas, para la caída del pelo, para quitar las pecas y herpes*.

Los tratamientos para estos problemas son similares a los del Libro primero y están orientados a facilitar la fecundación. Hipócrates aconseja a los médicos que sean cuidadosos e intenten no dañar a sus pacientes, por ello deben tener en cuenta la fortaleza de la mujer, pues ella estará varios días o semanas sin comer, vomitando, defecando y sangrando (con purgas* y flebotomía*). La fuerza expulsiva de la naturaleza es la que actúa de sanadora, por eso estos remedios tienen un fin expulsivo, para evacuar los humores abundantes o corruptos, frecuentes en la mujer.

Para ayudar en el diagnóstico Hipócrates hace que la mujer se palpe a sí misma el cuello de la matriz (bastante complicado) o bien que sean otras mujeres, las comadronas o parteras, las que realicen estas exploraciones. El médico actúa sacando sus conclusiones y ordenando tratamientos en función de la información que recibe. Los remedios más usados son:

1.- Pesarios*[147], en los que emplea remedios populares y de carácter mágico supersticioso (bilis de escorpión marino, escarabajos trigueros, excremento de rata, de vaca, de halcón, de hombre, sangre de oso, testículo de zorro, de berraco, orina putrefacta de mujer...). Es el remedio que más emplea, junto a las purgas cuya función es evacuar. Así se tiene a la mujer varios días, con vómitos y diarreas y, junto a las fumigaciones* que sirven para ablandar, los pesarios* realizan la acción terapéutica. Son empleados en todo tipo de

enfermedades: cuando se retira la regla, en la desviación del cuello del útero hacia la cadera, cuando el orificio del útero está grasiento y grueso, cuando la mujer no retiene el semen del varón, para las reglas malolientes, cuando la boca del útero está húmeda, para concebir, para eliminar los loquios*, para los dolores postparto, para la inflamación de la matriz, para la hidropesía* de la matriz, para las úlceras de la matriz, para bajar la regla, para expulsar el corion*, para matar y expulsar un feto que no se mueve, para la leucorrea*. Prácticamente se emplea para todo tipo de problemas, incluso para los inexistentes. Pero los pesarios no son inocuos: Hipócrates admite que los medicamentos fuertes ulceran la matriz[148], provocan que su orificio se ponga rugoso o irritado (a veces ésa es la intención para curar la enfermedad), en cuyo caso, si hay irritación, recomienda un pesario emoliente, de grasa de ganso, para suavizar.

2.- La flebotomía*, es un remedio poco usado en los *Tratados Ginecológicos*. Suele acompañar a otros remedios como las purgas por arriba y por abajo, pesarios y baños. Se emplea para purificar: cuando la expulsión de los loquios es escasa; para facilitar el parto, siempre que la mujer sea joven, fuerte y tenga mucha sangre; para concebir, una vez acabado el tratamiento y al finalizar la menstruación -si la mujer es fuerte en los dos brazos si es débil en un solo brazo-.

3.- El régimen de vida[149], en el que incluye baños locales de asiento o inmersión, baños de vapor, alimentación o ayuno, administración de ciertos alimentos y bebidas, según el humor que se quiera evacuar, realizar actividades o tener reposo, que la mujer se asee o que no, tener relaciones sexuales siguiendo unas estrictas instrucciones médicas y, por último, el embarazo como el mejor tratamiento frente a todas las dolencias femeninas.

4.- Los fomentos, cataplasmas, irrigaciones, ventosas*, sondas de plomo* y bastoncitos de madera de pino (son instrumentos alargados, huecos o macizo), sirven para enderezar la matriz o también para drenar (expulsar) los líquidos o los gases que tenga[150].

5.- Los tratamientos agresivos como la sucusión*, se emplean para hacer descender el feto en el período de expulsión[151] y para devolver el útero desplazado a su sitio. Otros tratamientos de este tipo son las ataduras con cintas, en los miembros o en el abdomen.

6.- Los recursos mágico-religiosos de la medicina popular son muy usados: fricción de la cabeza con orina, pesario de excrementos de rata, de escarabajo triguero o antárido, de hígado fresco de una tortuga marina todavía viva[152].
Para **Aristóteles** la mujer con o sin embarazo, con o sin menstruación es una enferma, tiene mucho residuo no

[147] HIPÓCRATES: *Tratados...*, Mul.I 19.

[148] HIPÓCRATES: *Tratados...*, Steril.18.
[149] *Ibídem*, Mul.I 11.
[150] HIPÓCRATES: *Tratados...*, Mul.II,133.
[151] *Ibídem*, Mul.I 68.
[152] *Ibídem*, Mul.I,78.

puro sin cocer, porque no lo gasta como el hombre, por eso hay que purgarla constantemente para evacuarlo.

El texto de **Galeno** centra las enfermedades de la mujer en los problemas de las reglas, en el aborto y en el parto. Trata las enfermedades del aparato reproductor del varón, pero no las relaciona con la esterilidad o con problemas de fecundidad.

Entre las enfermedades de la mujer, la que atrae su atención porque no puede resolverla es la sofocación histérica o apnea* histérica, términos muy utilizados según Galeno por las propias mujeres y por las parteras. Su causa está lógicamente en la matriz: es un estado excepcional en el que aparentemente la mujer está muerta, el pulso es imperceptible, hay inmovilidad y no tiene respiración y a pesar de esto no muere. Si la respiración es el principio de la vida ¿cómo se salvan algunas mujeres que entran en esta fase y no respiran? Lo compara con la hibernación de lo animales y piensa que si no hay respiración por la boca, queda la respiración arterial[153] (para estos médicos, las arterias llevan aire no sangre).

Las más afectadas por este problema son las viudas antes regladas, fecundas y con relaciones sexuales y ahora sin ello debido al cese de la menstruación o del esperma (relaciona la menopausia con la falta de relaciones sexuales y éstas con la viudez). Para Galeno es peor la supresión del esperma que la de la sangre menstrual, porque es más húmedo y frío, y si es abundante la mujer necesita expulsarlo de igual manera que los hombres. El tratamiento sería calor y palpación de los genitales para expulsar el esperma.

También las mujeres sin regla sufren este padecimiento en el que la matriz, deseosa de ser fecundada, se desplaza provocando la sofocación si sube hasta el diafragma. Según sus propias indicaciones,

"A estas palabras de Platón algunos han añadido que, cuando la matriz en su peregrinaje por el cuerpo tropieza con el diafragma, impide la respiración. Otros dicen que ella no vaga como un animal, sino que al retenerse las reglas se seca y, en su deseo de humedad, asciende a las vísceras y, cuando en el ascenso se encuentra a veces con el diafragma, el animal se ve entonces privado de la respiración. Quienes ignoran lo que aparece en las disecciones y nunca han considerado atentamente las facultades físicas y voluntarias suelen aceptar como ciertas estas explicaciones, aunque nunca hayan oído ninguna demostración de lo que acabo de decir. Pero cuantos se han ejercitado en ambas reconocen, incluso sin mi ayuda, la parte débil del razonamiento. En efecto, si una parte de la matriz apareciera espástica, esto no basta para demostrar que toda su cavidad remonte ni siquiera hasta el estómago y, menos aún que, sobrepasando éste, alcance el diafragma. Pero incluso

aunque lo tocara, ¿qué tendría eso que ver con la apnea... "[154].

No considera a la matriz como un animal, pero hay que satisfacer sus propios deseos para no sufrir, ya que si no consigue sus deseos de procrear se mueve por el cuerpo obstruyendo los conductos y provocando enfermedades. La causa de su desplazamiento es la tensión.

Galeno explica el desplazamiento de la matriz, la posición del útero, la apertura o cerrazón del orificio, el cuello desviado que conoce por lo que dicen las parteras. Las tensiones del útero afectan al cuello dando la sensación al tacto de estar desviado confirma nuestro médico. Estas contracciones del útero se deben a la repleción de los vasos por la retención de las reglas: la sangre llega al útero pero no entra, se queda en las venas que se tensan y empapa los ligamentos, por esto la matriz se retrae. Si la tensión es equilibrada no se mueve, pero si no lo es se mueve hacia la zona de mayor tracción, *"hemos demostrado que los cuerpos llenos se extienden en anchura y profundidad, pero disminuyen en longitud... "[155].* Apoya su tesis en palabras de Hipócrates.

Otras enfermedades son la supresión de la regla, las retenciones menstruales y la abundancia de regla. En los dos primeros casos la mujer tiene leche pero no está ni embarazada ni recién parida: como la sangre menstrual se transforma en leche, es lógico que se supriman las reglas, pues no hay humores para tanta transformación. En cambio si no tiene leche aparecen los siguientes síntomas: sensación de pesadez, nauseas, inapetencia y malestar con escalofríos. Si no hay escalofríos y hay nauseas y apetito (comer carbones apagados, comer tierra) puede ser por embarazo, que se comprobará por una palpación de la comadrona para ver si está cerrado sin dureza el cuello del útero. Si está cerrado con dureza, es necesario averiguar hacia qué parte se inclina. Algunas mujeres tienen dolor en la zona, que puede llegar a la cadera, con cojera de esa pierna. Si sigue sin menstruar, aparece tumefacción del costado (refiere que en algunos hombres también aparece este problema). En caso de que haya supuración se hará una incisión: si se corta el colon se cura, pero si se corta la matriz es más difícil la sutura.

También pueden aparecer, como consecuencia de la supresión o retención menstrual, dolores en cadera, cuello, coronilla y base de los ojos; fiebres denominadas por Galeno "ardientes" y orina oscura sanguinolenta. También puede presentarse hemorragia (es una salida de sangre que sustituye a la purificación por la menstruación), inflamación o erisipela* de otra parte del cuerpo. A pesar de este cuadro tan dramático no establece tratamientos.

Por su parte, en la abundancia de regla, los síntomas que aparecen son: palidez, pies hinchados, inflamación ligera

---

[153] GALENO: *Sobre la localización...*, VI 425-426.

[154] GALENO: *Sobre la localización...*, VI, 429 y ss.
[155] GALENO: *Sobre la localización...*, VI 429.

de todo el cuerpo, malas digestiones y apetito desordenado.

La erosión de la matriz se ve porque sale sangre pura como de una flebotomía*. Estos médicos diferencian, parece ser que a simple vista, la sangre de la menstruación de la sangre de otros vasos, como por ejemplo de un brazo: una es impura, la otra es pura. Para este problema no hay tratamiento: las hemorragias en las embarazadas se deben a la dilatación de las venas del cuello del útero (no es sangre menstrual, no es impura).

El aborto es considerado como una enfermedad de la mujer. Hay sospecha de aborto si las mamas se ablandan de repente; si hay dos fetos y solo se ablanda una, indica un aborto del feto de ese lado del útero -el varón siempre se sitúa en el lado derecho y la mujer en el izquierdo-. No establece tratamientos para estos casos.

La expulsión del feto a los dos, tres o cuatro meses con un embarazo normal es una enfermedad femenina, provocado por un acúmulo de humor flemático en las cavidades de la matriz, las venas y las arterias, que no soportan el peso del feto y lo expulsan.

Las enfermedades de los genitales masculinos externos, que se manifiestan con salida de sustancias, no las atribuye a los mismos, sino a otros órganos. Si la parte afectada se descubre por lo que se evacua, en este caso o hay una contradicción o las sustancias expulsadas por el pene proceden de otras partes del cuerpo, como de la sangre, del cerebro, del corazón o de la vejiga. En cambio las sustancias expulsadas de la matriz sí son indicios de enfermedad propia de los genitales femeninos: "*Pocas de las sustancias expulsadas por el pene indican una afección propia, y la mayoría son indicios de la vejiga y riñones, del hígado y el bazo, del pulmón y el tórax, y de la condición humoral de todo el cuerpo*"[156].

Otras enfermedades masculinas son: las úlceras del pene, con dolor y escozor en la micción (acto de orinar); la gonorrea* o expulsión incontrolada de esperma, sin dilatación del pene, aunque aclara que esta dolencia más que del pene (que sólo es la vía de salida) es de los vasos espermáticos; el priapismo o hinchazón permanente del pene sin excitación erótica ni calentamiento (favorecido por acostarse boca arriba, esto hace que se calienten los riñones y esta calentura provoca la erección), es una dolencia del pene o de las arterias, que llevan pneuma, por repleción de las mismas se produce la erección.

Para **Arib ibn Said** la retención de la menstruación produce "*pesadez en el cuerpo y palpitaciones, debilidad en los sentidos, escalofríos, desmayos, fiebre, molestias difusas, disminución del apetito, deseando comer tierra y carbón tomando su cuerpo un color negruzco con mezcla*

de rojo... "[157], coincidiendo con lo dicho anteriormente por Galeno.

Otra enfermedad diagnosticada y tratada por todos nuestros autores, la histeria, también Arib ibn Said la describe de forma similar, de modo que la mujer parece como muerta. El tratamiento es original y peligroso: atar las piernas, friccionar los pies, soplar en la nariz polvo de eléboro[158], dar a oler vinagre, gritar al oído, meter los dedos para provocar el vómito (provocar el vómito a una persona inconsciente, puede llevarla a la asfixia por sus propios vómitos).

Bernardo de Gordonio hace una exhaustiva relación de enfermedades provocadas por la mujer a sus hijos, al hombre o a sí misma. Los elementos causantes de estas enfermedades transmitidas por la mujer a otros o padecidas por ella misma son la matriz y la sangre menstrual, y la relación es la siguiente:

1.- Ser engendrado durante la menstruación produce viruela*, lepra*, epilepsia* y otras enfermedades.

1.1.- La lepra* también se adquiere por ser hijo de leproso o tener relación con mujer que previamente se había acostado con leproso y conserva la simiente en la matriz. Se contagia él, no ella, porque la matriz está alejada del resto de las partes del cuerpo. Es frecuente en la literatura medieval encontrar casos en los que ella no se contagia, pero él sí como si la mujer tuviera una cierta protección frente a las enfermedades transmisibles de carácter demoníaco.

1.2.- "*La viruela es una enfermedad de la sangre, se engendra en la sangre menstrual retenida en las porosidades de los miembros y el feto*"[159]. La parte impura de la sangre menstrual es la que queda en las porosidades de los miembros. Si la concepción se produce durante la menstruación aparece la viruela*. También puede ser por otras causas como no hacerse sangrías (es una forma eficaz de convencer a una mujer para llevar a cabo el tratamiento prescrito por el médico) o tomar alimentos que se corrompen con facilidad, como la leche y el pescado. Una forma de expulsar la simiente (de viruela) de la matriz es saltar, estornudar, limpiar la matriz...

1.3.- La causa de la epilepsia* es el vicio de la matriz o corrupción del esperma y de la sangre menstrual. Después del parto se cura: siguiendo las tesis de Hipócrates, Bernardo de Gordonio también considera el parto como un remedio para todas las enfermedades.

---

[156] GALENO: *Sobre la localización...*, VI 438.

[157] ARIB IBN SAID: *El libro de la generación del feto...*, cap III, p. 52.
[158] *Helleborus foetidus*, es cardiotónico, se usaba como purgante, pero es muy tóxico incluso mortal en caso de ingestión masiva.
[159] BERNARDO DE GORDONIO: *Lilio...*, p. 150.

2.- Entre las causas de la sarna* está la retención de la sangre de la menstruación y de las almorranas*. Por esta misma causa pueden aparecer la melancolía y las manchas en la cara.

3.- Hay doce clases de dolor de cabeza, una de ellas es por causa remota del cerebro cuando los vapores y los humos suben de la matriz (y de otros órganos) y afectan al cerebro. El sueño profundo no natural puede venir de la matriz, cuando desde ella suben materias corruptas al cerebro.

4.- La parálisis se debe a causas extrínsecas e intrínsecas: éstas últimas vendrían determinadas por las cosas que obstruyen y cierran la cabeza y el nacimiento de los nervios, de forma que los espíritus (pneuma) no puedan pasar a los miembros. Pues bien, una de las cuatro enfermedades que pueden terminar en parálisis es la sofocación de la matriz. Vemos la relación tan íntima que hay entre la matriz y el cerebro, a pesar de estar situados en zonas muy alejadas y distintas del cuerpo[160].

Otro grupo de enfermedades, que afectan exclusivamente a la mujer como consecuencia de la retención de la menstruación son: sangría de la nariz (la sangre siempre busca por donde salir), tisis*, poco apetito (este síntoma aparece también cuando hay un exceso de menstruación), apetito canino o comer mucho y cosas raras como carbones, aunque también se da en las embarazadas (sigue a Galeno), enfermedades del sieso (ano y recto) y almorranas*, obstrucción del hígado y flujo de la sangre del hígado, hidropesía*, orinar (mear es la expresión utilizada) sangre (pero aparece también por exceso de menstruación). Cuando hay problemas en la matriz, las enfermedades que aparecen son: hinchazón del estómago, retortijón de los intestinos, lientería*, disentería*, estranguria* o disuria*.

Entre las enfermedades totalmente ginecológicas Gordonio señala la retención del esperma, que es peor que la retención de sangre; la sofocación de la matriz, cuando ésta se desplaza hacia el diafragma, la famosa histeria de Galeno; el flujo excesivo de la menstruación y la retención de la menstruación; el descendimiento de la matriz o caída hacia un lado; apostemas* y llagas en la matriz; la esterilidad: un síntoma de esterilidad son las llagas de los labios, porque indican sequedad de la matriz.

Las enfermedades de las mamas no se incluyen en el apartado ginecológico, sino en el general. Explica su situación anatómica por eliminación de otras posibilidades: si estuvieran situadas abajo en el abdomen como otros mamíferos, no sería honesto dar de mamar, y además la leche es sangre cocida dos veces con el calor del corazón cercano, por eso su sitio es el tórax. Para explicar por qué las mamas de las mujeres tienen una utilidad y las de los varones no la tienen se apoya en las tesis de Aristóteles –recogida en *Historia de los Animales*-: ellos las tienen no por necesidad, si no por hermosura; piensa que los hombres no tienen "tetas" (así denominan todos a las mamas), sino figura de tetas, como las mujeres no tienen testículos, sino figura de testículos. Los hombres no tienen leche porque no tienen menstruación -ya tenemos claro que la sangre de la menstruación es la que forma la leche, una vez que el feto ya no la necesita, durante la gestación-.

Una de las afecciones que trata es su tamaño excesivamente grande y el tratamiento fuerte que propone es: opio, mandrágora, beleño, adormideras blancas y mucílago de zaragatona en emplastos; este mismo tratamiento sirve para que no crezcan mucho los testículos (coincide con el tratamiento aplicado en el *Capítulo de Mujeres*)

Otra enfermedad que afecta principalmente al varón es el amor hereos o solicitud melancólica por causa de una mujer. Es una enfermedad del cerebro que produce corrompimiento de la razón y del juicio. Muy presente en la literatura medieval y en los textos médicos, afecta a mujeres y hombres, pero más a éstos porque son más calientes y se deleitan más con el coito. La causa de esta enfermedad es siempre la mujer. Sin embargo, sobre el placer sentido por las mujeres -todos los médicos están de acuerdo- ellas se deleitan más con la emisión de semen porque es doble, la propia y la del compañero, una idea ésta muy antigua según la cual el placer deriva de la emisión de semen[161], en eso se basan para afirmar que la mujer también tiene semen como el hombre. Esta contradicción se debe posiblemente a la diferenciación que establecen entre la emisión de esperma que sirve para procrear y en donde interviene también la mujer y el coito que es asunto exclusivo del varón pues él es el que pone la potencia[162].

Esta dolencia tiene tratamiento en el caso de los varones (para las mujeres no) y afecta a la causa de la enfermedad, la mujer: una vieja desagradable que hable mal de ella, que traiga un paño untado con la sangre menstrual (vuelve a aparecer el miedo masculino a la sangre menstrual). Si no se curan, caen en manía o mueren. Otra advertencia: el coito excesivo en el varón deseca, pues pierde semen que es un residuo puro de la sangre. Por el contrario, el coito moderado alegra, calienta y hace buena digestión.

Las enfermedades del varón no causan problemas en la mujer, pero éstas sí se los provocan a ellos. Así, entre las causas de la esterilidad e imperfección del coito, tenemos las causas externas e internas:

1) Causas externas: puede venir provocadas por acostarse con mujer muy joven, vieja, fea, con la menstruación, sarnosa, tiñosa, hedionda o espantosa a la vista. O bien derivan de que el varón sea un niño o un hombre decrépito, borracho, tragón, enfermo o débil, al que le

---

[160] Véase las páginas 25 y 26.

[161] BERNARDO DE GORDONIO: *Lilio...*, pp. 520 y ss.
[162] Véase la página 87.

hicieron una sangría o una purga, o que trabajó, o que tuvo exceso de coito o padece determinados accidentes del alma, como el temor o la ira... En todo caso, la diferencia es muy significativa: en la mujer los inconvenientes son subjetivos, dependen de la opinión del lector, excepto uno, la menstruación, que es la causa hasta de la esterilidad masculina y de la imperfección del coito del varón. Los del varón son objetivos e incluso posibles, como el cansancio, el miedo, la enfermedad.

2) Causas internas: por enfermedad de los testículos (por demasiado calor, frío, humedad o sequedad o porque están en el abdomen), de la verga (corta o larga) o de otros órganos como el cerebro (por cortar las venas yugulares que pasan por detrás de las orejas y llevan el esperma del cerebro a los genitales), por enfermedad de los riñones, del corazón, del estómago, del hígado y de los intestinos.

Describe tres enfermedades más del hombre, son: la gonorrea* o expulsión de esperma de forma involuntaria; la polución nocturna, una de cuyas causas es pensar en el amor desordenado, cómo no de las mujeres; y las enfermedades de la verga, por causas externas en las que también intervienen las mujeres, como *"acostarse con mujer que tiene la matriz sucia, llena de veneno, materia, ventosidad y semejantes cosas corrompidas"*[163].

En el libro de **Dinah** aparecen las mismas enfermedades que hemos visto anteriormente. Es el caso de la interrupción de la menstruación por numerosas causas -ya vistas en el Capítulo III- en mujeres muy jóvenes o muy mayores, en mujeres que trabajan, en las cantantes y en las enfermas (por ser muy delgadas y muy delicadas o muy gruesas o con el orificio cerrado). Para este autor la ausencia de reglas en mujeres sanas no las perjudica y es positivo en las muy jóvenes y en las mayores, afirmando que no es bueno oponerse a la naturaleza por lo que no hay que tratarlas.

Otras enfermedades sobre las que ofrece información son: el calentamiento (inflamación) de la matriz, provocado por fricción, esfuerzo y grandes trabajos, o bien por un aborto hecho por una mala partera. Como en todos los demás autores aparece en esta obra la sofocación de la matriz, que describe como un bloqueo del aire de la respiración con afasia (no puede hablar) total. La matriz sube al tórax, oprime y dificulta la respiración, como hemos visto desde Hipócrates, pero amplía las causas de este problema: por viudez prolongada, por detención de la menstruación, por abortos frecuentes, por grandes contracciones en el parto y por inflamación de la matriz. No incluye entre las causas, como hacía Galeno, el exceso de semen sin evacuar.

Ofrece tratamientos para las hemorragias, para la abundancia de reglas (causada por la retención de humores, entre cuyos síntomas incluye la presencia de flujo que puede ser manchado o puro), para la salida del semen femenino (en mujeres sin deseo que han dejado de acostarse con un hombre), para la inclinación de la matriz y para la gangrena de la misma, para la hipertrofia del clítoris -es el único texto que habla de la existencia del clítoris-: este último caso se trata un mal terrible (malo y feo lo llama) que se da en mujeres proporcionadas y que se presenta como una excrecencia similar al sexo del hombre. Tal deformidad hace que la mujer, como si fuera un varón, quiera acostarse con otra mujer. El tratamiento es el siguiente: la mujer tumbada, la cabeza baja y con las piernas apretadas, asir lo que sobresale y cortar con un escalpelo, después se tratará la herida como de costumbre. Este exceso de carne cae y tapa el orificio de la matriz por lo que es necesario quitarlo, pues evita el embarazo.

Otras enfermedades que describe son: varices de la matriz, caída de la matriz (por extraer un feto muerto por medio de alicates, por necedad de la partera que tira con fuerza de la placenta, por otra enfermedad cualquiera y porque no retiene la placenta), el tener el orificio cerrado que les impide recibir el semen y parir, que es a los ojos de este autor lo importante.

El *Capítulo de mujeres o Salar ha-nasim* no abarca las enfermedades de las mujeres, sino que se centra en algunos problemas de los pechos (inflamación, tumores y apostemas*), incluido el que no crezcan demasiado -en el medievo el canon de belleza contemplaba los pechos pequeños-. El tratamiento que aconseja consiste en untarlos con la sangre de los testículos de un cerdo castrado. También explica la expulsión (entendemos que se refiere al parto, no al aborto) del feto vivo o muerto (en este caso recurre a las supersticiones como las ataduras de coral y artemisa en la mano derecha para acelerar el parto) y al dolor postparto. Curiosamente el dolor durante el mismo no se refleja en el texto.

Otra preocupación en esta obra es facilitar el embarazo, pero en ningún sitio habla de esterilidad, por lo que el autor del texto debe referirse al fomento de los embarazos en los casos de dificultad. Estos problemas se presentan cuando la mujer está llena de humores, cuando es ancha o está abierta, por lo que no retiene el semen (esto puede ser por ser así de nacimiento o por accidente), y cuando el pene es expulsado en la cohabitación. También aparecen dificultades cuando hay grasa en el útero (donde se queda adherido el semen), por frío, por retención del flujo menstrual o porque no menstrúa. Los tratamientos para estos casos son numerosos, en forma de baños, orales, aplicaciones sobre el útero (entendemos que en la vagina o sobre el abdomen) y emplastos. Las sustancias que emplea para estos tratamientos son: vegetales, vino, vinagre, leche de burra, genitales de liebre[164]. Cuando la fecundación no se realiza por la presencia de apostemas*

---

[163] BERNARDO DE GORDONIO: *Lilio...*, p. 1436.

[164] CABALLERO NAVAS, C.: "Un capítulo sobre mujeres...", p. 152.: *"Otro: toma antos, cuécelo con agua y lava siempre con ella los genitales. Otro: toma siler montano, que es poleo de montaña, y dale siempre a comer por la mañana. Otro: toma los genitales de una liebre, quémalos, redúcelos a polvo y que se bañe [con ellos]; y cuando entre en el baño dale de beber de ese mismo polvo con vino en ayunas". y concebirá"*

en el útero, aplica diversos tratamientos por vía tópica*, sahumerios* por abajo con la vasija entre los muslos con el cocimiento y pesarios*. En su fabricación el número tres es una constante: una onza de tres clases de áloes, tres cabezas de ajos, tres clases de espica, tres cuencos llenos de ajos[165]. Son abundantes los tratamientos para lograr el embarazo, algunos muy complicados y laboriosos que nos recuerdan a los de los *Tratados Ginecológicos* de Hipócrates.

Dedica dos apartados a las piedras en la vejiga y conductos, y a la retención de orina, como si formaran parte de los genitales femeninos; también alude a los problemas de piedras en el riñón y otros tratamientos breves para dos dolencias, la incontinencia de orina y las dolencias del útero. De esta forma se mezcla el útero con los riñones y la vejiga, posiblemente debido a la proximidad de estos órganos -todos están en el abdomen-. En estos casos los tratamientos generales empleados son orales, fumigaciones* "por abajo con vasijas", pesarios*, aplicaciones tópicas* con grasas como excipiente, baños generales y parciales. Los productos empleados son: vegetales, con preparaciones a veces laboriosas; animales -como excrementos humanos, de cabra, de toro, cuernos de cabra, sangre de oso, de hombre, de testículos de cerdo castrado, leche de mujer, de perra, de burra, genitales de una liebre quemados, grasa de gansa- y minerales como el alumbre de las herramientas y limaduras de marfil. También emplea objetos supuestamente protectores en el cuerpo, como el coral para acelerar el parto, mientras que en algunos casos evita la presencia de determinados productos en la habitación donde se realiza el parto, por ejemplo las peras, para no entorpecerlo.

Acompañando a todos los tratamientos, el autor usa expresiones del tipo: "parirá inmediatamente", "saldrá inmediatamente", "esto es verdad", "expulsará el feto vivo o muerto", "será de gran ayuda", "ha sido experimentado y probado". No podemos saber si con ello quiere expresar que está totalmente seguro de su remedio o simplemente está empleando fórmulas populares, referidas a remedios mágicos, que nos vuelven a recordar a los *Tratados Ginecológicos* de Hipócrates.

---

[165]*Ibídem*, p.153.: "*Otro:[toma] tres cuencos llenos de ajos, cuécelos en una olla llena de agua, y viértelo todo en una tina limpia de madera en cuyo interior se pueda lavar toda ella [introduciéndose] hasta el ombligo. Que acostumbre a permanecer [un poco] en este baño, pues limpiará el útero y concebirá*".

VIRGINIDAD

La necesidad de procreación está por encima de la virginidad y la única forma de alcanzar aquel objetivo es mediante el sexo, eso sí, actuando con moderación. Las relaciones sexuales, según Hipócrates, Galeno y Arib Ibn Said, son buenas para el varón y para la mujer porque, además de cumplir con el fin de procrear, libera humores. En cambio, para Bernardo de Gordonio y los textos hebreos, el sexo es malo para el varón pero aún es peor para la mujer, de modo que sólo se justifica por la procreación.

Hipócrates dedica un pequeño capítulo de los *Tratados Ginecológicos* a las enfermedades de las vírgenes. Inicia este breve tratado con la enfermedad sagrada[166], que provoca más suicidios por ahorcamiento en las mujeres que en los hombres, ya que son más débiles de ánimo y apocadas. A las vírgenes, cuando no se casan en su momento, la matriz se le llena de sangre (en la regla) porque, al tener el orificio cerrado, la sangre no sale y sube hacia el corazón y el diafragma, lo que entorpece el corazón, la sangre se deteriora y se pervierte por la presión ejercida sobre este órgano. Todo ello le provoca sopor y desvaríos, aparece la locura, la mujer siente deseos de matar (por la putrefacción de la sangre), siente terrores y miedos, dice cosas terribles y las visiones la mandan arrojarse a los pozos o estrangularse (suponemos que por ahorcamiento). Cuando se recupera, comenta Hipócrates, engañada por adivinos, consagra a Ártemis sus objetos más valiosos. El tratamiento es el matrimonio porque el embarazo cura este mal, sin embargo las casadas estériles no se libran de él.

Los demás autores no tratan este tema porque no consideran la virginidad como una enfermedad o causa de ella. En la mujer la virginidad es una virtud, pero sólo hasta tener edad suficiente para procrear. Galeno y Arib Ibn Said incluyen dentro del hacer médico el tratamiento de las consecuencias del acúmulo de semen en la mujer o mejor dicho, la falta de relaciones sexuales, pues el sexo es otra forma de eliminar el exceso de humores. Este tratamiento consiste en aplicar masajes con la mano de otra mujer (la partera), sobre los genitales, para liberar el esperma molesto, aunque piensan que el mejor tratamiento es el embarazo.

MOLA

Es un asunto en el que a los médicos no les gusta intervenir. La causa de la mola* es la menstruación abundante y suelen eludir la intervención del varón en ese embarazo extraño, que no acaba en un parto y con un niño. Pensamos que ante su desconocimiento muestran temor y pasan por alto este problema, absteniéndose de tratarlo, pero aclaran las diferencias entre un embarazo (en el que sí interviene el varón y acaba en un niño) y la mola*.

Quizá lo relacionen con la partenogénesis, la capacidad de la mujer de procrear sola, ya que ella tiene el útero y el semen. Una situación como ésta sería algo monstruoso, porque quiere decir que el varón no sería necesario en todas las fecundaciones y para Aristóteles la naturaleza no hace nada en vano. Además se plantean otra cuestión: ¿de quién serían estos hijos? Si existiera la posibilidad de que la mujer se fecundase a sí misma, los hijos serían sólo suyos. En este caso el varón sobra y la supervivencia del grupo y de la sociedad patriarcal estaría en manos del varón imperfecto que es la mujer. Arib ibn Said no habla de mola*, pero cuenta el caso de una hermafrodita que ha concebido y parido una criatura, por supuesto deforme, sin varón. Para este problema ninguno de nuestros autores tiene tratamientos.

Para **Hipócrates**, la mola* es la consecuencia de una menstruación abundante que recibe un semen escaso y enfermizo. En estos casos el vientre se dilata como en un embarazo pero no hay embrión. Se diferencian embarazo y mola* en el movimiento[167] del feto: en la mola no existe, en el embarazo sí -a los tres meses si es niño y a los cuatro si es niña-. Con la mola la mujer tampoco produce leche, como ocurre en el embarazo, y puede durar dos o tres años. Éste es uno de los muchos ejemplos que pone Hipócrates en los que el médico no debe actuar porque el pronóstico es malo.

En **Aristóteles** la causa de la formación de una mola* es la falta de cocción de una menstruación abundante. Este problema solo le pasa a la mujer, puesto que los demás animales no lo sufren, como tampoco tienen afecciones uterinas que la mujer sí padece. Por la falta de cocción la mola puede durar hasta la vejez[168].

Arib ibn Said cuenta un acontecimiento transmitido de forma oral procedente de la tradición popular fantástica: una hermafrodita tuvo un hijo de su propio vientre, engendrado por ella misma de su espalda. Nacieron gemelos unidos por el vientre y la cara (siameses): *"También transmitieron cosas semejantes de las que son frecuentes en los animales...Y a no ser por el crédito de los testigos presenciales y de que las noticias proceden de personas de confianza sería lógico no creerlas"*[169].

---

[166] Se refiere a la epilepsia.

[167] HIPÓCRATES: *Tratados hipocráticos...*, Mul I 71.
[168] ARISTOTELES: *Reproducción de los animales ...* , IV, 776a, 5.
[169] ARIB IBN SAID: *El libro de la generación del feto...*, p. 77.

Hermafrodita tumbado (copia romana del original griego). Museo del Louvre

Dinah dentro de su línea de no explicar más de lo que una mujer pueda entender, establece muy superficialmente, las diferencias entre mola* y embarazo. La mola* es un endurecimiento de la matriz debido a un calentamiento. Esta masa crece en el vientre como un embarazo (con el que puede confundirse), puede crecer hasta parecer una piedra[170], mientras el resto del cuerpo se debilita y tiene un olor fétido (en el embarazo es todo lo contrario, sobre todo si el feto es varón). Con la mola* no hay regla, aumentan los senos, hay fragilidad y pesadez del vientre, pero no hay movimiento del feto, no hay sonido y al séptimo mes aparece una gran debilidad, inflamación del vientre y piernas hinchadas.

---

[170] BARKAÏ, R.:*Les infortunes de Dinah...*p.174

CAPÍTULO VI

ESTERILIDAD

EL DOMINIO DEL CUERPO FEMENINO COMO EJERCICIO DE PODER
(a través de textos médicos clásicos y medievales)

SUMMARY

This chapter takes on the question of female sterility, a tragedy for the Greeks and those of the medieval world. Sterility assumes the social death of the woman as it prevents her from realizing the only endeavor for which she exists.

The causes for female sterility are innumerable, some of which are possible while the majority are bizarre; they are the fruits of our authors' preconceived notions that relate to theories of the humors and to a lack of knowledge of the physiology of the female and male reproductive apparatuses. The tests they used to determine sterility between two members of a couple are very illustrative.

The treatments are similar amongst all of the authors (Greeks or Medievalists), those that are used on women are aggressive and humiliating and very different from those prescribed for men.

This chapter also deals with masculine sterility, an issue that does worry our doctors, nevertheless does not have the same meaning as that for women, because in the end the primary cause is always the woman

RESUMEN

Este capítulo, aborda la cuestión de la esterilidad femenina, una tragedia para griegos y medievales, pues la esterilidad supone la muerte social de la mujer al impedírsele realizar la única actividad por la que existe.

Son innumerables las causas de la esterilidad femenina, algunas posibles y la mayoría extrañas, fruto de las ideas preconcebidas de nuestros autores, de la teoría de los humores y del desconocimiento sobre la fisiología del aparato reproductor femenino y masculino; son muy ilustrativas las pruebas que utilizan para comprobar la esterilidad o no de los miembros de la pareja.

Los tratamientos son similares en todos los autores (griegos o medievales), los utilizados sobre las mujeres son agresivos y humillantes muy distintos a los prescritos para los varones.

También tratan sobre la esterilidad masculina, un tema que aunque preocupa a nuestros médicos, no tiene el mismo significado que la femenina, porque en el fondo la causa primaria siempre está en la mujer.

ESTERILIDAD

Si la mujer no cumple aquello para lo que ha sido hecha – la procreación- se produce una disfunción en todo su organismo. Lo sano, al menos desde la menarquia, es el estado permanente de embarazo, pues lo contrario se considera anormal y enfermizo. Éste es un asunto del que se han ocupado los médicos desde siempre, no sólo para dar soluciones ante una esterilidad, sino también para facilitar el embarazo, aumentando las posibilidades del mismo. Claro que para ello tenían que forzar a la naturaleza, pues la mayoría de los tratamientos se aplicaban a mujeres no estériles -las estériles son casos imposibles para nuestros médicos-.

Matrimonio Arnolfini. Jan Van Eyck. National Gallery. Londres.

Se observa la actitud altiva y recta de él frente a la de sumisión de ella, su vestido de color verde, el color de la fertilidad, su aparente aunque no real estado de embarazo, el perrito a sus pies símbolo de fidelidad. Es un cuadro lleno de simbolismos, el espejo, las tallas de la cama, las naranjas, los zapatos de ambos, el candelabro nos indican el virtuosismo de la novia y su esperada fertilidad, todo ello dentro del matrimonio cristiano.

De esta forma nos encontramos con que una actividad natural, el embarazo, se convierte en un problema médico que obliga a éstos a dar explicaciones y soluciones, siendo la mayoría de sus tratamientos agresivos, tóxicos, humillantes e ineficaces, pero así se convierten en

protagonistas de una actividad fundamental en las sociedades preindustriales, que es la procreación: la obsesión de los médicos por mantener a la mujer en un estado de permanente embarazo puede obedecer a las presiones sociales o para asegurarse una clientela fiel y un prestigio entre sus conciudadanos. En todo caso, está claro que en este momento la esterilidad femenina y la muerte social de la mujer son términos equivalentes.

Hipócrates expone las causas por la que las mujeres son completamente estériles (suponemos que quiere decir en un periodo de tiempo prolongado) y considera que las estériles no pueden parir antes de estar curadas y seguir sus tratamientos. Se insiste, pues, en la necesidad que tienen todas las mujeres de consejo médico para realizar satisfactoriamente su función, aunque de hecho hoy sepamos que es natural, y desde luego no anormal, que una recién casada no se embarace inmediatamente, o que entre embarazo y embarazo transcurra más de un año.

Para Hipócrates la esterilidad puede producirse por las siguientes causas:

Porque la mujer tiene la matriz lisa y no retiene el semen aunque lo reciba.

Por tener el orificio de la matriz grasiento o porque presenta úlceras o restos de reglas.

Por una mala salud general de la mujer y de su regla (el esperma no se coagula por la sangre enferma y se vuelve seroso).

Porque la mujer padece amenorrea (al haber en la matriz sangre antigua, no crece el semen) o reglas muy abundantes (al vaciarse la matriz, no retiene el semen).

Porque el orificio de la matriz está fuera de los genitales (prolapso*).

Porque la regla se mueve hacia abajo en dirección al ano (posiblemente se refiera a la rectorragia o hemorragia por el recto).

Por la gordura de todo el cuerpo (la cubierta que recubre el peritoneo ejerce presión sobre el orificio del útero y éste no retiene el semen).

Porque la mujer no retiene el semen del hombre a causa del exceso de humedad, de debilidad (por dolencia, abuso de purgantes y fumigaciones) o de presentar el cuello del útero cerrado, abierto o desviado hacia la cadera.

Los tratamientos para conseguir un embarazo son laboriosos y agresivos, y su objetivo es purificar a la mujer mediante la expulsión de sus humores: fumigaciones*, flebotomía* en uno o dos brazos, purgantes por arriba y por abajo, baños de asiento y baños generales de agua caliente, abrir y enderezar el orificio de la matriz con sondas de estaño* o plomo de distintos calibres, con ayunos o dietas, pesarios* con productos de la tradición popular mágica y supersticiosa.

Estos tratamientos son complicados y largos, algunos peligrosos. Él mismo admite que algunos pesarios son muy irritantes, la duración de los tratamientos puede ser de hasta cuatro meses, aunque en general coinciden con la regla y los interrumpe cuando acaba. Mientras dura el tratamiento la mujer no tendrá relaciones con su marido. Eso sí, Hipócrates aconseja a los médicos que actúen conforme a la naturaleza y según la constitución y las fuerzas de la mujer, no estableciendo nada de antemano.

Hay una prueba que permite asegurar que una mujer se ha purificado suficientemente:

"Cuando parezca que la mujer se ha purificado y que el cuello del útero está bien, que tome un baño y se frote bien la cabeza sin untarse ningún producto. Luego deberá ponerse en torno al cuero cabelludo un trozo de lienzo lavado pero sin aromas y atárselo con una redecilla limpia que no huela a nada, colocando debajo en primer lugar el trozo de lienzo. Luego, que repose aplicándose en el cuello gálbano[171], que deberá calentar y ablandar bien al fuego o al sol. A continuación, por la mañana, se quitará la redecilla y el trozo de lienzo y hará que alguien huela su cabeza: ésta huele si se ha realizado la purificación, y si no es así, no despide olor alguno"[172].

Esta prueba médica, se asemeja a una ordalía y responde a una misma mentalidad mágica. Según esta lógica, las mujeres que no han parido nunca no pasarán la prueba aunque se hayan purificado, mientras que las que se embarazan con frecuencia la pasarán aun sin purificarse, lo que no deja de ser significativo, por cuanto que a la mujer es necesario purificarla constantemente porque tiene un exceso de humores.

Para **Aristóteles** la esterilidad puede ser masculina y femenina, y responder a razones de nacimiento, edad, gordura y enfermedad. Las mujeres estériles son lascivas por naturaleza y por no tener menstruación (por no expulsar el semen), así que su estado es parecido al de los varones. El esperma (la sangre menstrual) está concentrado pero no se segrega (no se expulsa): en consecuencia el esperma concentrado en los hombres es bueno, pero en las mujeres las hace lascivas y estériles (dos defectos de las mujeres que siempre van unidos). Y es que hay una diferencia radical entre uno y otro: el femenino no está cocido. Por el contrario, en las mujeres que han tenido muchos hijos y que han emitido semen disminuye su vehemencia.
El embarazo en las mujeres, no en las hembras de los animales, es igual a una enfermedad, debido al estilo de vida sedentario que la hace acumular residuos, por eso la mujer es una enferma a la que hay que purgar constantemente. En cambio en la mujer que trabaja el

embarazo y parto son mejores porque el esfuerzo consume los residuos (se purifica). De todas formas, para Aristóteles la mujer siempre será una enferma: dado que su menstruación es más abundante que en los animales, si se embaraza y no la evacua nos encontramos ante una enferma, pero si no se embaraza, evacue o no, también.

Arib ibn Said propone una prueba para comprobar la esterilidad masculina: derramar el semen en agua, de modo que si flota es estéril y si se hunde es fértil. Para la esterilidad femenina se hace un sahumerio por abajo: si el olor sale por su boca o nariz es fértil (el ajo de Hipócrates), porque son permeables los conductos del útero. Una prueba común para ambos: se echan las orinas de cada uno en una planta de lechuga a la puesta de sol, y será estéril aquél cuya orina haya secado la planta a la mañana siguiente.

Las causas de la esterilidad masculina tienen una argumentación lógica, aunque algunas se basan en disparates anatómicos: obesidad, delgadez, gran debilidad sobre las vesículas seminales, rotura de los conductos que están detrás de las orejas que comunican el cerebro con la verga y llevan el semen. También puede producirse por incisión de la vejiga para extraer cálculos, por eyaculación a destiempo, por retención de calor (el semen se agita y se expulsa como agua hirviendo), por exceso de humedad, por debilidad de la erección, por la poca frecuencia del coito, por frigidez sexual, por preocupaciones como la tristeza, por falta de deseo, por trastornos del cerebro, hígado o corazón.

Los tratamientos para la esterilidad entre los hombres son muy variados y básicamente pretenden aumentar el apetito sexual y el semen. Entre ellos destacan los que se aplican por vía oral (ingesta de alimentos), ungüentos en la verga (con sustancias vegetales), fricciones del vientre, de las vértebras, de la verga y sus alrededores (con sustancias vegetales). También emplea la magia o medicina popular, tales como ingerir cebollas blancas con garbanzos negros, o bien *"tómense cuarenta pájaros machos en días de juego sexual (celo) dególlense, extráiganse los sesos (cerebro) y secar a la sombra completamente, después triturar con esencia de jazmín de calidad y poner en una botella, untar con este preparado la verga y las plantas de los pies ciertamente su utilidad está comprobada"[173]*. Recomienda beber en jarras de determinadas características (esmaltadas, verdes) y, por supuesto, tener alegría, gozo y apetencia también ayudaba. Por último, aconseja drogas afrodisíacas para estrechar la vagina, si bien no sabemos la relación de esta circunstancia con la esterilidad.

Una mujer es fértil si tiene la regla equilibrada y regular, y su complexión* es menuda, de color rosado y la boca del útero está abierta, de modo que asocia la presencia o ausencia de regla con la fecundidad y esterilidad. Las causas de la esterilidad femenina son subjetivas y reflejan fielmente los argumentos disparatados de los textos

---

[171] *Ferula gummosa boiss*, es una resina aromática que se usaba para preparar incienso y perfumes, también como remedio de numerosas afecciones generales y ginecológicas.
[172] HIPÓCRATES: Tratados... Steril.7

[173] ARIB IBN SAID: *El libro de la generación del feto...*, cap II, pp. 42-43.

antiguos: serán estériles las mujeres corpulentas de color moreno, las gordas (porque la grasa obstruye las vías y disminuye el flujo de sangre), las húmedas (la humedad hace fluir la semilla) y las blancas; las de complexión* fría (se retira la menstruación), las de complexión* seca (porque seca la semilla); las que padecen un calor excesivo, que seca el organismo y retiene la menstruación; las que toman alimentos fríos; las que realizan un exceso de ejercicio físico (hace las menstruaciones escasas); las ociosas y las agotadas (la ociosidad y el agotamiento retiran la menstruación); las enfermas (disminuye la sangre y hay debilidad); las que tienen hemorragias nasales y otras (si purga por la nariz, no purga por el útero y no hay regla); las que no reciben el semen por corrupción, retención o salida alterada de las menstruaciones, y por exceso o defecto de las mismas.

En las mujeres los tratamientos aspiran a regular la menstruación y favorecer la fecundidad, para lo cual se recomienda alimentos que produzcan ventosidades; estados de alegría, gozo, apetencia, esparcimiento; hacer ejercicios, practicar el coito después de la menstruación y de la preparación médica. Usa el ayuno, la cirugía y el sangrado en caso de amenorrea; emplea también la magia cuando aconseja usar garbanzos negros (en caldos y pesarios*), comer huevos blancos, cuajo de liebre y de cabra (en pesarios*), cuernos de cabra (en fumigaciones*). Los remedios de las mujeres de la India, aconsejados por Arib ibn Said dentro de este texto, favorecen el coito más que la fecundación.

En el libro de **Dinah** se reconoce tanto la esterilidad masculina como la femenina. Escuetamente explica la esterilidad de la mujer a partir de diversas causas: por defectos propios femeninos -como la delgadez, la obesidad y la irascibilidad-; por circunstancias que realmente resultan apreciaciones disparatadas -como que la mujer recibe el semen pero no lo retiene o se vierte-; por la presencia de derrame anormal de flujo o distorsión del orificio; por cerrazón endurecimiento, pesadez o lesión del útero, por no descargar la semilla en el momento de la unión; por fiebre o sequedad, siguiendo la teoría de los humores.

En el hombre la esterilidad la explica por tener la semilla débil, acuosa, fría o demasiado caliente, que así también se corrompe; por falta de fuerza durante el acto; por estrechamiento de la uretra (hipospadias*) o por fisura que impide la expulsión de la semilla.

Los tratamientos que propone son similares a los del libro de Arib ibn Said: para la debilidad masculina recomienda la ingesta de alimentos y ungüentos para fortificar; en caso de hipospadias*, cirugía. Para la mujer, la partera debe retirar lo superfluo si el orificio está tapado; si el fondo de la matriz está cerrado, se abre; si hay heridas se purifican; para el cuello duro se aplican sustancias que ablanden. La intervención médica es más intensa en los tratamientos femeninos.

Bernardo de Gordonio, siguiendo la línea de los anteriores autores, también reconoce la esterilidad en hombres y en mujeres. Establece de modo muy ordenado y claro, como todo su libro, las causas de este problema, que pueden ser externas e internas. Entre las causas externas, comunes a ambos sexos tenemos: haber bebido abundante agua fría, haber tomado durante mucho tiempo alimentos ácidos o de mala calidad, tener accidentes del alma como tristeza, ira, miedo... o haber tomado cosas que los han hecho estériles, ¿nos quiere decir nuestro autor que las mujeres tomaban sustancias anticonceptivas o abortivas? En el caso del varón esta última está incluida en el apartado de causas internas. Las causas externas propias de la mujer son: saltar o moverse mucho después del coito y cuando es maliciosa. Las del hombre: ser gran comedor, estar borracho o "hacer mucho coito".

Entre las causas internas, también comunes a ambos, tenemos las enfermedades generales (del corazón, cerebro, estómago, hígado o bazo), la edad (por ser muy joven o muy mayor), la gordura o la delgadez. Las propias de la mujer son por retención o exceso de menstruación, aunque se centra en las enfermedades de la matriz. Éstas se producen por varias razones: por una mala complexión* de la matriz o de la simiente (esperma o semen), como ser caliente, fría, húmeda, seca o con materia o sin materia (no está claro qué quiere decir, no hay explicaciones); cuando hay lesiones en la boca de la matriz (la vagina) - gorduras, verrugas, almorranas*-; también por ser ancha, estrecha o estar torcida. Las causas internas específicas del varón son: tener cortados los conductos que están detrás de las orejas; tener la semilla fría, seca o húmeda; problemas de la verga -por ser larga, corta o laxa y por tener el orificio torcido (hipospadias*)- o de los testículos -por una mala complexión* cálida o porque no tiene testículos-. Otra causa en la que coincide con Arib Ibn Said, es por haber hecho una incisión en la vejiga para extraer cálculos. Por último, se contempla la posibilidad de que el hombre esté hechizado.

Como vemos, Bernardo de Gordonio sigue la teoría de los humores y además (como todos los médicos medievales) achaca la esterilidad también a los varones. Las causas que afectan a ambos están dentro de la tradición médica de la época estudiada y podemos decir que tienen un cierto sentido. Sin embargo hay dos causas disparatadas pero reveladoras: en la mujer, el ser maliciosa produce esterilidad, es un defecto propio; en cambio, en el varón lo que produce esterilidad es el haber sido hechizado, esto es, una circunstancia provocada por una tercera persona ¿tal vez una mujer? Volveremos a encontrar este asunto en el *Tractatus de sterilitate mulierum*, que tiene grandes similitudes con el *Lilio*, al fin y al cabo se atribuye al mismo autor.

La esterilidad puede ser causada por ambos: cuando se une lo anteriormente dicho, cuando no expulsan ambos las semillas a la vez en el coito (idea muy difundida en nuestros autores y que la ciencia actual ha demostrado que no es posible), también cuando los genitales de ambos no son proporcionados.

Las técnicas aconsejadas para averiguar la fertilidad son las clásicas: en el caso de las mujeres emplea el ajo en pesario* de Hipócrates, al que cita. Otra forma de saberlo es echando el semen, parece ser que de ambos (lo insinúa pero no lo explica), en un recipiente con agua, si flota es estéril si se hunde es fértil. Este sistema es uno de los empleados por Arib Ibn Said en su obra, al que no cita.

Para las mujeres utiliza como tratamientos las sustancias y las vías de administración de siempre: sangrías, purgas, vómitos, clister*, sahumerios, pesarios* (en los que administra sustancias extrañas para nosotros, como el estiércol, tuétano de ciervo, matriz de liebre…), baños y cirugía (que se emplea sólo para las verrugas, almorranas y excrecencias de la matriz). Las sustancias empleadas de origen animal, vegetal o mineral, cambiando según si la causa de la esterilidad es fría o caliente. Son tratamientos laboriosos en los que usa una gran cantidad de productos vegetales y sin embargo suprime, por ser húmedos, alimentos esenciales como las frutas, verduras crudas, legumbres, pescados y otros. No establece tratamientos para la esterilidad del varón en este capítulo sobre la esterilidad, si no que remite a otros capítulos que tratan de sus enfermedades propias.

Pero no deja pasar la posibilidad, como los otros, de intervenir en la vida privada, con el argumento de facilitar la reproducción: en uno de sus apartados -*De qué modo se ha de acostar el varón con la mujer*[174]- establece el momento de coito -entre la medianoche y antes del día-, las condiciones de ambos, y la técnica que debe seguir el varón con la mujer para avivar su deseo y hacer que las dos simientes se expulsen al mismo tiempo, pues la mujer tarda más. Una vez terminado no debe entrar aire entre ellos, la mujer permanecerá quieta y sin toser para no expulsar la semilla.

Tractatus de conceptu se inicia con una formula en la que establece que Dios creó los sexos distintos con un fin procreador. Achaca la esterilidad a varones y mujeres o a ambos, pero sobretodo a las mujeres, por lo que el autor, "conmiserado de su padecimiento" (la esterilidad), escribe esta obra, como lo hicieron Hipócrates y otros médicos anteriores. Es muy frecuente el uso de esta fórmula en los textos médicos, desde que Trótula encabezara así su libro *De pasionibus mulierum ante, in et post partum*, lo cual es un indicativo del grave problema que suponía la esterilidad para la propia mujer que la sufre, para su familia y para la sociedad.

Considera que está causada por la matriz o por otros miembros principales que están en conexión con ella. Sin embargo, sólo hablará de la primera causa, la matriz, indicando el diagnóstico, estableciendo las causas, los síntomas y el tratamiento.
Las causas de esterilidad que recoge son: la humedad de la matriz, que hace que la semilla en el agua se pudra y el esperma aparezca muy claro; el frío, porque el esperma cálido del varón se enfría y dificulta la concepción.

Cuando coinciden la humedad y la frialdad el semen se hace líquido y no se retiene al estar tan húmeda la matriz; el calor y sequedad, que provoca que el esperma caiga por falta de alimento y se pudra; la existencia de verrugas, gorduras o llagas en la matriz; la presencia de una matriz dilatada o estrecha (los conductos muy dilatados no retienen el semen); la sofocación de la matriz (la histeria de los griegos), que hace que se desplace hacia arriba hasta el diafragma debido a la retención de esperma no expulsado que se corrompe o a la retención de sangre menstrual o cuando se retienen ambos. Los tratamientos para este último problema consisten en ataduras dolorosas en las extremidades (como en el texto de Arib ibn Said) y haciendo estornudar a la mujer (usando pimienta) al tiempo que se le cierra la nariz y la boca para que baje la matriz. Como es habitual también hay fumigaciones* olorosas por abajo o malolientes por arriba, ventosas* sin escarificaciones en las partes pudendas. Cita a Razes, que aconseja el masaje de la zona genital para expulsar el esperma corrupto. Galeno también aconseja este tratamiento.

Otras causas de la esterilidad son: por prolapso* y precipitación de la matriz, que se desplaza hacia abajo. Esto puede estar provocado por razones externas, tales como sentarse sobre algo frío o tomar alimentos fríos, o por causas internas, como los partos, el flujo de humores o los desplazamientos de la matriz a los lados. El tratamiento que prescribe es el masaje de la zona realizado por la comadrona, además de los emplastos, ventosas* sin escarificación bajo los senos, fumigaciones* de los genitales, vómitos, estornudos, unciones, baños, sangrías* y ventosas* en el lado opuesto para atraer la matriz a su sitio. La comadrona verifica si ha vuelto a su sitio observando si los orificios internos y externos están en línea recta mediante exploración manual.

Como en los autores anteriores, también la esterilidad es causada por neuma, grasa o herida en la matriz y los tratamientos empleados para estos supuestos son: purgas, fumigaciones*, pesarios* ventosas* sin escarificaciones, flebotomía*, cirugía, fricciones (especifica dolorosas o placenteras), clister*, vómitos, emplasto, dieta, supositorio de estaño para dilatar (las sondas de plomo de Hipócrates), ataduras dolorosas, lenitivo (calmante, emoliente) y cirugía. Usa recetas extrañas y tratamientos muy laboriosos de preparar y de aplicar, con productos exóticos.

En el *Tractatus de sterilitate mulierum*, la única causa de la fecundidad que se indica es la complexión* equilibrada o con pocas desviaciones. Por el contrario, se ofrece una amplia relación de causas de la esterilidad, aunque sin dar las exhaustivas explicaciones de sus colegas e indicando sólo síntomas y tratamientos. Coincide con los autores precedentes, y establece una clasificación no muy clara y con muchas repeticiones, como por otra parte es habitual en todas estas obras: cuando la causa es cálida, la idea es expulsar el calor aplicando un proceso muy laborioso en cuanto a la preparación (decocción, instilación,

---

[174] BERNARDO DE GORDONIO: *Lilio...*, p. 1501.

evaporación, por ejemplo usa leche de cabra en la que se ha apagado un hierro candente), y la obtención de los "medicamentos". La administración es: flebotomía*, oral, purgas, baños, paño húmedo en cocimiento en la espalda, fumigaciones*, pesarios* (de cuajo de liebre y de camella, de excremento de liebre), dieta con alimentos ácidos y fríos para combatir la causa cálida. Si la esterilidad está causada por el calor se presentan algunos síntomas característicos: aumento de las pulsaciones, orina coloreada, sed, deseo de hacer el coito, coloración de los genitales por delante y por detrás (como en los monos, según Aristóteles), eyaculación rápida del semen, picor y ardor, color rosado y azafranado del menstruo y fisuras en los labios.

Cuando la esterilidad viene provocada por una causa considerada fría, el tratamiento será: oral, purgas, baños de vapor, pesarios*, fumigación* de la matriz. Cuando hay humedad de la matriz, el tratamiento es a base de fumigaciones* y pesarios*.

Otras causas de la esterilidad señaladas son: por frialdad y humedad de la mujer, por sequedad, por estrechez del orificio de la matriz, por retención del menstruo (aconseja pesarios* que hacen bajar la menstruación retenida durante diez años), por ulceraciones, dolor, pus, tumores en la matriz que impiden la fecundación, por gordura de la misma. En este último caso aplica un tratamiento novedoso: perturbaciones anímicas que desaten ira, inquietud, como someter a la mujer a vigilias, usar el lecho duro y como siempre los pesarios*. Para el resto se emplean los tratamientos habituales: dietas, purgas, pesarios*, fumigaciones*…

La esterilidad masculina la achaca a causas descabelladas, cuando es por pequeñez del pene o porque sea tortuoso, en cuyo caso no tiene cura; si es por un hechizo, se pone azogue bajo su cabeza cuando duerma sin que el varón se entere.

También establece tratamientos comunes para la mujer y para el hombre que consisten en tomar por la mañana un huevo sorbido con verga de toro, oruga (vegetal), pimienta, clavo, canela, testículos de zorro, colas de escinco* todo reducido a polvo. Aconseja los sesos de gorrión y leche porque vuelve muy potente y fecundo al hombre. Para éste también se recomienda ungüentos en el pene, testículos y abdomen con productor vegetales.

Ofrece una relación de alimentos que favorecen el coito. Aunque no especifica si son para ambos o sólo para el varón, posiblemente sean principalmente para éste, pues el coito es asunto del varón (pone la potencia y el semen), y la mujer interviene sólo al finalizar éste para recoger su esperma. Las funciones de ambos están muy claras: el varón fecunda, la mujer recoge y alimenta al feto.

Los alimentos recomendados son: oveja, sesos de gorrión, de paloma, carne de cabrito, cordero, gallinas, perdices, faisanes; huevos sorbidos; huevas de pescado frito; mantequilla y leche; cereales, trigo cocido sin salvado, garbanzos, habas, arroz con grasa de riñón de cabra, pimienta y canela; vegetales como la menta, espárragos, oruga, puerros y frutos del fresno; frutos, uvas, higos, piñones, dátiles, almendras y avellanas, entre los conocidos.

CONCLUSIONES

SUMMARY

These texts, produced by doctors and philosophers, were partly influenced by the historical period in which they were written. However, the historical period was not enough to make the authors digress from the path set out by the Greeks.

The texts are an accumulation of knowledge in which there is no innovation. We cannot rationally qualify this medicine due to the knowledge demonstrated by our authors, as seen in the education they received and the evolution of diagnosis and treatments, much of which come from popular medicine. We find neither scientific curiosity nor a search for the truth.

In terms of the woman, she is the one who brings sickness to the man – work, old age and death. She is damp and cold; her menstrual blood has harmful effects. Her anatomy is hidden, her physiology is unknown and her nature ever changing, all of which is the complete opposite of the man, who is used as a way to measure the woman. The only way to control the uncertainties is by controlling the uterus and flows of the guilty, impure and unpredictable beings, but at the same time those responsible for motherhood, without which men and their civilized world would not survive.

RESUMEN

Los textos están elaborados por médicos y filósofos, influidos por la época histórica en la que se desarrollaron, pero no lo suficiente como para desviarse del camino trazado por los griegos.

Son una labor de acumulación de conocimientos, donde no hay innovación. A esta medicina, según los conocimientos mostrados, la formación recibida por los médicos y la evolución de los diagnósticos y tratamientos, muchos de ellos procedentes de la medicina popular, no la podemos calificar de racional. No encontramos la curiosidad científica, ni la búsqueda de la verdad.

En cuanto a la mujer, ella es la que trae al varón la enfermedad, el trabajo, la vejez y la muerte. Es húmeda y fría, la sangre menstrual tiene efectos maléficos. Su anatomía es oculta, su fisiología desconocida y su naturaleza cambiante, totalmente opuesta al varón, que se usa como medida de la mujer. La única forma de controlar las incertidumbres, es mediante el control del útero y sus flujos, los culpables, impuros e impredecibles, pero al mismo tiempo los responsables de la maternidad, sin la cual los varones y su mundo civilizado no sobrevivirían.

CONCLUSIONES

Los textos sobre asuntos de mujeres que hemos estudiado están influidos por una serie de circunstancias que nos impiden conocer exactamente los pensamientos y sentimientos de las mujeres durante sus dolencias, sus relaciones con los médicos que las trataban y la respuesta de su entorno ante sus enfermedades ginecológicas.

En primer lugar, hay que destacar que estos textos han sido elaborados exclusivamente por hombres. Las únicas palabras de mujeres que podemos atisbar en ellos son las alusiones que hacen los médicos a los resultados de las exploraciones realizadas por las parteras o por las propias mujeres que se autoexploran, pero las palabras no son directamente suyas, sino de los médicos, que a la postre son los que dictaminan si el útero o su orificio está desviado y hacia dónde, si el cuello está rugoso o el orificio cerrado. Significativamente no hablan del dolor, del malestar o de las sensaciones que sufren las mujeres.

Ciertamente el parto es un asunto exclusivamente femenino, pero son los médicos quienes escriben sobre ellos, disponen los materiales que deben usarse y las técnicas que han de emplearse, e incluso dictaminan las posiciones que tienen que adoptar las parteras y las parturientas durante el mismo. Si los médicos no hacían exploraciones ni estaban presentes en los partos, debemos pensar que todas sus afirmaciones están basadas en lo que cuentan las mujeres, pero sus testimonios no aparecen en los escritos, ni siquiera el de las pacientes que acuden a ellos. En realidad a estos autores no les interesa la mujer, sino su útero y sus flujos, que describen detalladamente, sin que ninguno haga mención a la edad de la embarazada, al dolor del parto, al dolor por una enfermedad, o a la ansiedad sufrida cuando no hay embarazo.

En segundo lugar, estos textos están influidos por la época histórica en la que fueron elaborados, por la religiosidad y las costumbres del momento. Algunos se inician con la misma fórmula: la causa principal de esas enfermedades, dice Hipócrates en el libro *Sobre la naturaleza de la mujer*, es la divinidad y la naturaleza de la mujer; Bernardo de Gordonio inicia el prólogo citando a Sócrates, a Horacio, a Galeno y por supuesto a Dios, al que hace constantes referencias a lo largo de sus siete libros. Así, en la introducción del capítulo I recoge la formula clásica –*"En el nombre de Dios..., el Altísimo hizo...-,* compartida por Arib Ibn Said, por el autor de *Los infortunios de Dinah* y por el autor del *Tratado sobre la Concepción*, y ello a pesar de las diferencias religiosas.

En tercer lugar, los textos médicos son el resultado de una labor de acumulación de conocimientos, pero también de los estereotipos que sobre la mujer se vienen arrastrando desde el Mundo Antiguo sin ser combatidos, y esto es lo irracional, desde el campo de la medicina, un campo privilegiado para, sin ser perseguido por ello, estudiar el cuerpo prescindiendo de los errores y los prejuicios anteriores, porque despúes de todo la fecundidad es un asunto que interesa al poder. Sin embargo en la práctica médica entran en juego otros condicionantes de carácter social y económico, donde los filósofos han ofrecido a la incipiente medicina una base teórica donde asentar la jerarquía establecida en las sociedades patriarcales, usando como argumento la diversidad biológica entre hombres y mujeres[175]. Creemos que la elección de la actividad médica para dominar los cuerpos y al mismo tiempo la mente y las ideas, no fue fortuita: desde este ámbito del conocimiento se dispone del control de la natalidad, de la sexualidad femenina, de la emancipación económica de la mujer, del cambio de papeles entre hombres y mujeres por el miedo a la feminización del hombre, entendiendo la feminización, por supuesto, como algo negativo. No olvidemos que la mujer es un varón imperfecto y representa el dominio de la naturaleza (por su maternidad), frente al dominio de la civilización que representa el varón[176].

---

[175] *"Es interesante observar que en ciertas sociedades cuando la mujer pierde esta capacidad, o es estéril, la ideología socio-cultural permite que posea un estatus socio-económico igual al del hombre* (hasta casarse con otras mujeres)..... *Por otra parte, la mujer en su calidad de reproductora natural y social no puede rechazar este rol...* (se refiere a las esposas de la mujer estéril que adopta la posición del varón) *Sus esposas son fecundadas por amigos, parientes o vecinos, De manera que, a efectos legales, sociales y económicos, esta mujer es el esposo legal de sus esposas, así como el padre verdaderos de sus hijos...".* Véase BUXÓ REY, M.J.: *Antropología de la mujer. Cognición, lengua e ideología cultural.* Barcelona 1991.p. 61.
[176] BACHOFEN, J.J.: *El matriarcado.* Madrid, 1987, Cap. IV.

El jardín del Edén. Les Tres Riches Heures du duc de Berry. Hermanos Limbourg. Museo Condé del castillo de Chantilly, París.
A la izquierda Eva tentada y engañada por el diablo, acepta la manzana, más abajo se la ofrece a Adán que parece resistirse, a la derecha son amonestados por Dios, en esta escena la mano derecha de Adán señala a Eva como la culpable y por último son expulsados del paraíso por un ángel.

En cuarto lugar, también hay que tener en cuenta los intereses personales de los autores de los textos, entre los que se encuentran su prestigio, la posibilidad de ejercer su actividad y lucrarse de ella, e incluso la cercanía al poder. Estos textos médicos han llegado hasta nosotros con el beneplácito de la sociedad del momento precisamente porque no se salieron del guión establecido, de los prejuicios heredados y del arquetipo de mujer como ser inferior, enfermo o incompleto, y ello a pesar de que en las disecciones o en su práctica diaria vieran lo contrario de lo que después escribieron; pero hubiera sido imperdonable (no hubieran salido a la luz) que no siguieran lo establecido por los médicos precedentes, Hipócrates y Galeno, que curiosamente fueron autorizados por los seguidores del judaísmo, del cristianismo y del islamismo, tres visiones distintas de la vida, pero tan cercanas en lo relativo al cuerpo de la mujer.

Pero volvamos al principio, al origen de la mujer. Pandora fue creada por los dioses para vengarse de los hombres, el bello mal, que tantos padecimientos traería a los hombres. De ella procede el linaje de las mujeres, que *"recogen en su estómago el trabajo ajeno"*[177]. Eva, muy semejante a Pandora en su nacimiento y en los

---

[177] HESIÓDO, (introd.., trad y notas Martín Sánchez A. y M.A.).: *Teogonía. Trabajos y días. Escudo. Certamen.* Madrid 1994. 585-600.

sufrimientos que trae a los hombres, fue castigada a parir con dolor. No fueron las únicas. Hay una lista interminable de mujeres y de diosas de todas las épocas y culturas, con misma una finalidad, esto es, traer a los varones la enfermedad, el trabajo, la vejez y la muerte y de las que sólo se esperan maldades: agotan a los hombres con su lascivia, los hacen impotentes, los transforman en animales, los castran, matan a sus hijos, pretenden dominar al varón, o sea, feminizarlo...[178] Entre otras tenemos a Lilith, las Erinias, las Harpías, las Moiras, Ishtar, Circe, Calipso, Helena, Cibeles... Y por ello la mujer real, a la única a la que los hombres tienen acceso, debe pagar en su cuerpo, en su sexualidad y en su alejamiento del poder, la culpa que representa, poniendo al servicio de esta causa a toda la sociedad, incluidos los médicos (y las propias mujeres), pues ellos más que ningún otro intervienen en la parte más castigada de la mujer, su fisiología.

El cuerpo, tanto el del hombre como el de la mujer, está formado por los cuatro elementos -agua, tierra, fuego y aire-, y está compuesto por cuatro cualidades -frialdad, humedad, sequedad y calidez-. Nuestros autores, por unanimidad, atribuyen al cuerpo femenino la cualidad de húmedo, frente al del varón que es seco porque tiene la carne más compacta -por eso no absorbe humedad- y realiza actividad y trabajo, de ahí que consuma sus humores. Todos, excepto Hipócrates, piensan que la mujer es más fría que el varón, lo que le impide cocer adecuadamente los humores, razón por la que éstos serán más abundantes y menos puros. Por lo demás, en Hipócrates este calor no la acerca al varón, sino que facilita la dilatación del cuerpo y del útero, aumentando con ello la cantidad de humores. Nosotros sabemos que la mitad del peso corporal es agua[179], y que sin agua no podemos vivir ni nuestro cuerpo funcionar, ¿en qué se basan, pues, estos médicos para decir que la mujer es más húmeda que el varón? La única explicación posible es la hemorragia regular que tiene la mujer adulta cada de 28 días aproximadamente, una sangre que procede de los vasos sanguíneos del endometrio* y que sale al exterior al descamarse por la bajada de las hormonas que regulan el ciclo menstrual. Es sangre con las mismas características que la de otros vasos, pero estos médicos la consideran impura, y a pesar de la imprecisión de este término lo dejan muy claro: no es sangre como la del resto del cuerpo, es sangre con una cocción deficiente, por eso se parece tanto a la sangre, pero no lo es. La función de esta sangre es purgar los humores excesivos de las mujeres, facilitar la fecundación aportando el semen femenino, formar la materia del feto por la acción

del esperma masculino, alimentar al feto y al lactante una vez convertida en leche. A pesar de ser tan útil y necesaria, la sangre menstrual tiene un carácter negativo, es parecida al veneno, transmite enfermedades al hombre, como la lepra* y la viruela* y posee propiedades maléficas. El interés en secar estos flujos (además de la sangre, los genitales segregan mucosidades) se debe a que el hombre, que es la medida de todas las cosas, no los tiene. También porque aparecen de forma cíclica, no siempre con la misma apariencia (el color y la viscosidad), dando la impresión de que el cuerpo y la psique de la mujer cambian constantemente, por eso consideran que todos los flujos femeninos son patológicos. Tienen claro que la sangre menstrual es maligna, pero son conscientes de que si no hay flujos no hay embarazo: no pueden acabar con ella, pero sí controlarla.

¿Cuál es la función de la mujer? En esto todos están de acuerdo: está en el mundo para procrear. La mujer es equivalente a su útero, ella es su útero, sus proyectos y sus obras son sus hijos, el medio donde se desarrolla su vida es su casa. Sus conocimientos se centran en las "cosas de mujeres o secretos de mujeres", en todo lo relacionado con sus genitales (excepto la sexualidad), la procreación y el parto; por eso las explicaciones que da el padre a Dinah giran sobre sus cosas (embarazo, parto y puerperio), pero sin necesidad de exponer argumentos "científicos", que son cosas de sabios, no de mujeres.

Si la fecundidad es importante para la supervivencia del grupo, la esterilidad es considerada una tragedia para la mujer, para su familia y para el médico que debe afanarse en solucionar tal tragedia con predicciones, con tratamientos laboriosos, algunos cruentos y posiblemente costosos. El parto (en él no interviene el varón) no es importante, no deja de ser una actividad femenina, quizá la única. Lo importante es la fecundación, donde sí interviene el varón, pues sin varón no hay fecundación. Claro que sin mujer tampoco, pero es más valioso el espíritu o la forma (que aporta el varón) que el cuerpo o la materia (que aporta la mujer). Esta última, sin el espíritu del varón, es una masa informe llamada mola*.

El acto sexual (sólo el realizado para procrear) se medicaliza con dos fines: uno para que nazcan niños y otro para proteger al varón de los efectos maléficos del útero y de la sangre menstrual. Por eso en los tratamientos de la mujer hay una obsesión por la purificación, purificación en el sentido de expulsión de humores corruptos que dañan a la mujer y al hombre e impiden la fecundación. Hasta que no esté purificada no puede concebir, dicen todos los médicos desde Hipócrates, de modo que la intervención médica está asegurada. Se atreven con tratamientos agresivos como las purgas, ayunos y pesarios ya vistos, como si la mujer siempre mereciera un castigo -recordemos a Pandora, a Eva...-. Con esto no queremos decir que los tratamientos agresivos fueran administrados precisamente por esa cualidad, sino que se instauraban sin cuidado ni control de sus efectos, bien porque los desconocían, bien porque

---

[178] WULFF ALONSO, F.: "Mujeres, héroes y diosas entre los mitos griegos y orientales A propósito de Odiseo, Gilgamesh y Sansón.". *Hijas de Afrodita: la sexualidad femenina en los pueblos mediterráneos*, Pérez Jiménez y Cruz Andreotti (eds). Madrid 1996, pp. 5 y ss.

[179] En nuestro cuerpo tenemos el agua intracelular y el agua extracelular que se distribuye entre los compartimentos intersticial (entre célula y célula), plasmático (sangre) y transcelular que incluye los fluidos formados por las glándulas, por el líquido cefalorraquídeo, por los líquidos del árbol traqueobronquial, del tracto gastrointestinal, del sistema genitourinario y de los ojos.

el error médico en el cuerpo femenino era tapado por el error de la naturaleza que era el propio cuerpo femenino[180].

En cambio los tratamientos para la esterilidad del hombre incluyen comer carne, beber vino con moderación, tener alegrías y aplicación de ungüentos (masajes). Al fin y al cabo ellos son los que pagan la minuta de los médicos y suyos serán los hijos de sus mujeres. Hay un tercer fin en la medicalización del acto sexual: la intervención del poder en el control de la fisiología femenina, pues en ella está basada la sociedad patriarcal, donde la mujer es su útero y éste le proporciona la maternidad; sus hijos, para vivir en la sociedad deben ser hijos legítimos de los varones, que a cambio los alimentan y protegen. Este intercambio de bienes supone a las mujeres unas limitaciones: no son propietarias, ni herederas, ni controlan los medios de producción y no pueden ejercer el poder. Su única posibilidad de prosperar en esta sociedad es siendo una madre prolífica y carecer de otro tipo de ambiciones. Este fin se consigue a través de los médicos, que a cambio obtienen sus cuotas de poder, una de las cuales es ser infalibles en sus decisiones profesionales.

Las mujeres estériles no tienen sentido en estas sociedades que confunden a la mujer con su útero, si no tiene hijos ¿para que existe? Lo incomprensible es su existencia, pues modifica el orden establecido, la teoría de los humores, las facultades distintas del hombre y de la mujer, y lo que podríamos denominar con palabras actuales el rol femenino en la sociedad.

Las mujeres estériles (desde el punto de vista médico) son semejantes al hombre, porque no tienen menstruación y no tienen exceso de humores, por eso no es necesario purgarlas o purificarlas, tienen una vehemencia que no ha podido desaparecer con los sucesivos partos, ¿en qué se diferencian del hombre? En que no cumplen su función - fecundar a otras- aunque en algunas sociedades esto se resuelve adoptando la mujer estéril el papel del hombre, situación aceptada por la sociedad[181]. Otro estado que no es sinónimo de esterilidad ni de matrimonio, pero que en estas sociedades es equivalente, es la virginidad: en la sociedad medieval cristiana esta situación es bien vista por el poder religioso. Estas mujeres, dedicadas a la Iglesia, gozan de una mayor libertad, pueden recibir formación, tener prestigio e incluso ejercer poder (santa Teresa de Jesús entre otras); este respeto a la virginidad, no es frecuente en las sociedades judías y musulmanas y mucho menos en la sociedad antigua, aunque hay casos de mujeres que renunciaron al matrimonio (Wallada Bint al-Mustakfi), pues una mujer sin hijos (consecuentemente sin marido) es independiente como el hombre y puede tener incluso una vida pública como él.

Otra cuestión es la partenogénesis, la posibilidad que la mujer pueda fecundarse a sí misma, puesto que tiene semen y útero. Nuestros autores tienen claro la necesidad de la intervención del varón en la fecundación de la mujer, por eso la mola no tiene explicación y no es tratada en estos textos. La pregunta que nos hacemos, considerando los conocimientos que tenían sobre la fisiología femenina es aterradora, ¿si la mujer tiene semen y útero, qué más necesita para fecundarse a sí misma? Para Aristóteles el varón es tal porque fecunda a otro, la mujer lo es, por ser fecundada. Si la mujer pudiera fecundarse a sí misma se tambalearía el orden patriarcal, el derecho paterno (celeste, olímpico, representado por Zeus), al que corresponde la parte espiritual del hombre, se sustituiría por el derecho materno (ctónico, subterráneo, representado por las Erinias) que corresponde al cuerpo[182].

Los conocimientos con los que contaban nuestros autores respecto al funcionamiento del cuerpo eran muy limitados, y sin embargo se llamaban sabios unos a otros, pues así es cómo citan los médicos medievales a los griegos. Los diagnósticos los hacen basándose en exploraciones a nuestros ojos extrañas, pero que los propios médicos tienen catalogadas y a las cuales dan carta de autenticidad en sus escritos, ¿podemos considerar sabios a estos autores y racional a la medicina que aplican en sus libros? Desde luego no lo parece cuando tenemos en cuenta sus métodos de trabajo -*"Cuando el orificio uterino está ulcerado o inflamado, emplear mirra, grasa de ganso, cera blanca e incienso, mezclado todo con los pelos que tiene la liebre en su vientre y triturado fino. Aplicarlo en un trozo de lana muy suave"*[183]-, los conocimientos que nos han legado -*"Estos son síntomas de frío en la matriz: sed escasa, decoloración del menstruo con gran retención del mismo, pobre emisión de esperma con placer escaso en el coito, escasez de vello en las partes pudendas y palidez por todo el cuerpo"*[184]-, o el rigor de sus trabajos -*"Así ocurrió que una mujer parió un hijo hermoso que se parecía a su marido, pero después de pocos días parió otro feo que se parecía a su amante"*[185]-.

Su falta de innovación, la inexistencia de planteamientos distintos a los de los autores precedentes, sus pronósticos, diagnósticos y tratamientos no han cambiado en estos veinte siglos estudiados. La información que reciben los médicos para establecer sus pautas de actuación, procedente de la mujer y de la comadrona, está sesgada por la fuerte influencia del vocabulario médico o los médicos interrogan en un sentido buscando aquello que quieren oír, ¿cómo, si no, una mujer puede asegurar al médico que ha retenido el semen de su marido, o que se ha cerrado el útero tras el coito? ¿en qué se basa para decir eso? engaña al médico, dice lo que le interesa, por

---

[180] Si por un tratamiento se afectaba el útero de una mujer y debido a eso no se embarazaba, no era difícil al médico y a la sociedad echar la culpa de la esterilidad a la naturaleza de la propia mujer.
[181] Véase nota 175.

[182] BACHOFEN, J.J.: *El matriarcado*, p. 158.
[183] HIPÓCRATES: *Tratados...*, Nat.Mul.,56.
[184] CONDE PARRADO, P., MONTERO CARTELLE, E., HERRERO INGELMO, M.C.: *Tractatus...*, p. 53.
[185] BERNARDO DE GORDONIO: *Lilio...*, LVII, p. 1426.

ejemplo para aparentar un embarazo, o actúa según unas pautas dadas por las comadronas, por la familia o por los propios médicos. Las comadronas dan información sobre el estado de los genitales de carácter objetivo, cuentan lo que ven y lo que tocan: apostemas*, inflamaciones, hemorragias, durezas, todo esto puede verse y tocarse (siempre que sea en la vagina, en el útero sin instrumental no es posible), pero el desplazamiento del útero hacia el hígado o hacia el diafragma, el desplazamiento del orificio hacia la cadera, la apertura o cerrazón del útero, los dos orificios en línea, ¿en qué se basan para asegurar eso? y lo peor es que son datos objetivos, es lo que palpan y ven, no como en el caso de la mujer que es lo que siente. Engañan al médico, después de todo viven de ello, dicen lo que les interesa, lo establecido, lo reconocido como "ciencia", o lo que los médicos demandan.

Nos falta saber la satisfacción de las enfermas, pero por lo que dicen entre líneas no era mucha. Hipócrates se queja de que las mujeres no acuden al médico, otras no se dejan hacer sangrías o bien no siguen los tratamientos aconsejados.

Por último, para contestar a nuestra pregunta, veamos la formación de los médicos. Estudiaban con otro médico reconocido, o iban ya en el medievo a una escuela o universidad a estudiar latín y a leer y comentar textos como estos que estamos estudiando. Les era necesaria una licencia para ejercer y esta licencia exigía el cumplimiento de las leyes, incluidas las de Dios. La formación de las comadronas[186] es práctica, por transmisión oral, como la de los médicos, y también necesitaban ya en la Edad Media una licencia para poder trabajar.

Con todo esto podemos decir que estos textos están totalmente fuera no ya de lo que consideramos actualmente una medicina científica, sino de lo que puede entenderse como racional: a nuestro juicio, no es suficiente el no culpar de las enfermedades a los dioses para poder llamar racional a esta medicina. Estos textos demuestran un nivel de conocimientos sobre anatomía genital femenina escasos, basados en los textos de los predecesores y en algunas observaciones propias o no, sobre cuerpos ya sean humanos o de animales; un nulo nivel de conocimientos sobre fisiología y patología. Para suplir estas carencias en sus escritos recurren a explicaciones absurdas e irracionales (la teoría humoral es un ejemplo vivo hasta el siglo XVIII); usan productos medicamentosos de origen vegetal, animal y mineral, con resultados terapéuticos imprevisibles, y de forma muy frecuente sustancias relacionadas con la magia y las supersticiones, más propias de la medicina popular que de la medicina profesionalizada ejercida por autores de textos reconocidos. Otro factor fundamental es la indiferencia ante el dolor (por ejemplo del parto), ante la ansiedad o el miedo de sus clientes; no se ha encontrado en ninguno de nuestros autores referencias al dolor en el

parto. Hipócrates es el único que hace alusiones al dolor en el útero (no sabemos como distingue una mujer el dolor en el útero)[187], y en el *Capítulo de mujeres* se alude al dolor postparto. La no asistencia de los médicos a los partos no justifica su impasibilidad. Es posible que las comadronas no avisaran de este percance o que en estos tiempos el dolor tuviera un sentido distinto al que le damos ahora, y que una mujer griega o medieval aceptara el dolor sin oponerse, pero está claro que el dolor existía.

La mujer tiene un estado de constante enfermedad por ser fría o caliente, por ser húmeda, por tener poco o mucho flujo menstrual, por ser blanca o negra, por ser gorda, por estar ociosa o ejercer un trabajo, por estar embarazada o ser estéril y también puede tener las enfermedades generales que atacan al hombre. Además es blanda, débil, zángana, caprichosa y es la culpable del destino del hombre que le lleva a la enfermedad y la muerte. Todos nuestros autores tratan las mismas enfermedades, el catálogo de diagnósticos es universal y limitado: la histeria en primer lugar, curiosa enfermedad cuyo nombre viene de un órgano, *hístero* el culpable, que el hombre no posee y que afecta a todo el organismo, con una sintomatología muy amplia:

"Algunas estaban insensibles y a la vez inmóviles, con un pulso muy débil y pequeño o, incluso, dando la impresión de no tenerlo en absoluto; otras sintiendo, moviéndose y sin ninguna lesión mental, pero carentes de fuerza y respirando apenas; y otras, finalmente, que sufrían contracciones en sus miembros"[188].

La causa de este problema son los desplazamientos del útero. Nuestros autores no están totalmente de acuerdo con la teoría de Platón sobre el útero errante, pero sus diagnósticos y tratamientos confirman la idea del útero como un animal irracional, independiente de la mujer, que se mueve, de un lado para otro y al que hay que parar y devolver al orden con el fin de procrear: establecen tratamientos para la mujer y para su útero como si fueran dos cuerpos distintos.

Sin duda, las mujeres presentan singularidades respecto a los hombres. Por ejemplo, nuestros autores no se explican que las mujeres tengan una hemorragia mensual durante gran parte de su vida y no se mueran; así mismo en el parto la pérdida de sangre es considerable y tampoco se mueren. La única respuesta posible es que no todo lo que parece sangre lo es: el menstruo es un residuo de la sangre poco cocido. Además la mujer, por su cualidad de húmeda, tiene muchos humores, y su pérdida no supone la muerte como en el varón. Por eso la purificación es aconsejable en todo momento y la menstruación y el parto son purificaciones naturales.

Otro asunto extraño es que una mujer se quede sin respirar un tiempo (la apnea* histérica) y no se muera: la

[186] GARCÍA MARTÍNEZ, A.C., GARCÍA MARTÍNEZ, M.J. Y VALLE RACERO, J.I.: "La imagen de la matrona en la Baja Edad Media". *Revista Híades 3-4* septiembre 1996-abril 1997, p. 72

[187] HIPÓCRATES: *Tratados ...*, Mul.I,78 y Nat.Mul, 85, 92
[188] GALENO: *Sobre la localización...*,VI, 414.

explicación, ya dada anteriormente, es la respiración arterial (las arterias llevan aire no sangre). Aunque los varones también tendrían pérdidas de consciencia equivalentes a las de las mujeres, la histeria es considerada como un problema exclusivo de la mujer.

Otra particularidad más: los médicos aseguran que la mujer obtiene un doble placer en el coito, porque recibe su propio semen y el del marido. Recuérdese que el placer está relacionado con la emisión y expulsión del esperma, así que las mujeres, al contrario que los hombres, lo sienten por doble vía, una razón más para convertirse en presa del aborrecimiento masculino, como nos muestra Ateneo de Náucratis o muchos otros de la literatura universal:

"...ha llegado al extremo de esta raza abominable?
No la hay; ellas sobrepasan a todas las pestes del mundo"[189].

Otra obsesión es la diferenciación de las mujeres desde antes de nacer. El feto masculino procede del testículo derecho de su padre y se aloja en la parte derecha del útero, el embarazo y el parto son mejores y más fáciles en estos casos que si fuera un feto femenino. Si hay problemas, por ejemplo una malformación, la culpa es del útero que hace de molde y es anormal que los fetos masculinos sean defectuosos. Hay unos signos en la mujer para averiguar el sexo del feto antes de nacer: si los vasos sanguíneos llevan más sangre y son más fuertes los latidos del lado derecho, si el pecho derecho y el ojo derecho son más grandes, ese feto es varón. Este argumento carece de sentido, pero ha estado vigente durante varios siglos. Ante esto hay que preguntarse donde está la curiosidad científica y la evidencia de la anatomía en las disecciones y en la observación de los cuerpos femeninos y masculinos, sin embargo reflejadas en descripciones muy correctas de los genitales masculinos, no tanto los femeninos, donde los genitales externos no existen. En el libro de Dinah hay una referencia al clítoris, para extirparlo por hipertrofia, porque esa mujer se asemeja a un varón. Es extraño que los otros textos no aludan a este problema.

La ociosidad de la mujer duramente criticada, es una de las causas del exceso de humores, ¿pero todas las mujeres de la Antigüedad y de la Edad Media estaban ociosas? *"Laide misma* [dice Ateneo] *es holgazana y bebedora"*[190]. En realidad, sólo las mujeres pudientes, entre las que tenían su clientela nuestros autores, lo serían, pero tampoco sabemos qué significado tenía para estos médicos la ociosidad. Si una mujer estaba en casa era porque las normas así lo habían dispuesto, no podían tener vida pública, no podían dedicarse a la política ni a la guerra. Pero las mujeres pobres no disfrutaban del modo de vida de las ricas, pues trabajaban junto a los hombres para comer. Desde luego, no tendrían exceso de

humores según las teorías estudiadas, pero éstas no estaban entre sus clientes por lo que no conocen sus casos y no pueden reflejarlos en estos textos.

En fin, la mujer es inmune al veneno, es transmisora de enfermedades que ella no padece, sus flujos pueden envenenar al varón, tiene una anatomía oculta y una fisiología desconocida, es cambiante e impredecible. ¿Estos qué son, cualidades o defectos, para nuestros filósofos y médicos? Obviamente, son defectos por los que la mujer tiene que pagar, con las purificaciones sean médicas o religiosas.

Y sin embargo no pueden negar la evidencia: el útero da a la mujer la capacidad de engendrar. Los griegos lo sabían desde siempre. Gea, la tierra, es de sexo femenino, porque de ella sale todo lo existente, como del útero de una mujer salen todos los hijos del hombre y ahí reside su problema, por eso es necesario controlarlo: *"En primer lugar existió, realmente el Caos. Luego Gea, de ancho pecho, sede siempre firme de todos los Inmortales que ocupan la cima del nevado Olimpo; (en lo más profundo de la tierra de amplios caminos, el sombrío tártaro), y Eros..."*[191].

---

[191] HESIODO: *Teogonía*... 117

---

[189] ATENEO DE NÁUCRATIS (ed. Sachís Llopis, J.L.): *Sobre las mujeres.* Madrid ,1994, VI 558.
[190] ATENEO DE NÁUCRATIS: *Sobre las mujeres.* XXVI.

GLOSARIO

Abceso: colección de pus.

Aftas: pequeña vesícula, luego ulceración blanquecina en la mucosa de la boca.

Almorranas o hemorroides: dilataciones varicosas de los vasos sanguíneos del ano, puede haber sangrado.

Alopecia: deficiencia natural o anormal de cabellos.

Alumbramiento: última fase del parto consiste en la expulsión de la placenta.

Amnios: es la capa más interna de las membranas que forman el saco amniótico. Contiene el líquido amniótico y el feto en su interior.

Apnea: suspensión transitoria de la respiración.

Apostema: absceso supurado. Colección de pus. Una teoría antigua seguida por algunos médicos proponía favorecer la formación de pus en las heridas.

Astringentes: sustancias que producen constricción y sequedad. También se denominan estílico.

Caseación: acción de cuajarse o endurecerse.

Cardias: orificio que comunica el esófago con el estómago.

Ciclo menstrual: cambios que se repiten periódicamente en el ovario, útero y otros órganos asociados con la menstruación.

Cinánquia o esquinancia: dificultad para respirar y para deglutir por problemas neurológicos, no del aparato respiratorio.

Clister: enema, lavativa, irrigación. Sustancia que se introduce a través del ano para provocar la evacuación del contenido del recto.

Coloquíntida: planta cucurbitácea, su pulpa se emplea como purgante hidragogo (favorece la evacuación acuosa) enérgico. Es tóxico, se emplea como ingrediente de las píldoras catárticas (que purgan).

Complexión: constitución física.

Composición: las partes u órganos que forman el cuerpo.

Constipación: estreñimiento.

Cordón umbilical: órgano largo y flexible, que contiene las arterias y la vena umbilicales, rodeadas por la gelatina de Wharton y que se extiende desde la placenta al ombligo del feto.

Corion: es la membrana exterior del saco amniótico, contiene el amnios y es parte de la placenta.

Disentería: mal del intestino, diarrea. Actualmente inflamación del intestino, sobre todo del colon, que puede estar producida por irritantes químicos, bacterias, protozoos o parásitos. Se caracteriza por heces frecuentes sanguinolentas, dolor abdominal y tenesmo.

Disuria: retención involuntaria de la orina. En la actualidad se llama disuria al dolor o molestias al orinar.

Embrión: producto de la fecundación durante los tres primeros meses, a partir de este tiempo se denomina feto.

Embriectomía: escisión del embrión en el embarazo extrauterino.

Embriotomía: operación que tiene como objeto reducir el volumen del feto muerto, en las distocias (parto con complicaciones).

Embriótomo: nombre de diversos instrumentos para la práctica de una embriotomía. Instrumento que sirve para facilitar la extracción del feto muerto del útero, cortándolo en trozos.

Emuntorios: son las vías de eliminación, la vejiga, el intestino.

Endometrio: membrana mucosa de la cavidad uterina, la más interna.

Epilepsia: es un trastorno cerebral en el que aparecen convulsiones, son episodios de alteración de la función cerebral que producen cambios en la atención o el comportamiento y son causadas por una excitación anormal en las señales eléctricas en el cerebro.

Erisipela: inflamación de la piel. Actualmente se trata de una enfermedad transmisible, producida por un estreptococo, que afecta a la piel.

Estinco o escinco: reptil de la zona mediterránea, muy usado como tratamiento.

Estranguria: expulsión de orina gota a gota. Es una micción lenta y dolorosa, debido al espasmo de la uretra o vejiga.

Euforbio: látex del interior de un cactus. Es irritante, purgante y vomitivo. Se ha utilizado como veneno para las flechas.

Farfollas: escamas que se forman por infección del cuero cabelludo como si fuera caspa.

Fecundación: unión del espermatozoide con el óvulo, para formar un huevo.

Flebotomía o sangrías: incisión de una vena para la salida de sangre.

Fumigaciones: producción de humos (seco) o vapores (húmedo) de sustancias con fines terapéuticos. Se realizan en un espacio cerrado, actúan por contacto, inhalación… La acción terapéutica la ejerce el producto en forma de vapor o humo, bien por la combustión de una sustancia en contacto con un carbón o cualquier otro combustible o por la ebullición de la misma en un líquido. La mujer se sienta sobre un recipiente (un cesto, de barro) en cuyo interior está el producto quemándose o hirviendo. También puede utilizarse una caña o sonda que introduzca directamente el vapor en el cuello del útero. Sirve para ablandar los genitales. También puede hacerse por la nariz. Es de los remedios más utilizados: hacer oler cosas fétidas (así hace que la matriz se aleje de la parte superior del cuerpo, como si tuviera la facultad de oler) o bien fumigar (por abajo) con buen olor para hacer bajar la matriz en caso de desplazamiento hacia el diafragma.

Gera pigra: medicamento purgativo en forma de píldora o polvo, es de sabor amargo, su base es el áloe.

Gonorrea: expulsión incontrolada de esperma, sin dilatación del pene. Actualmente también es una enfermedad de transmisión sexual.

Hematopoyética: que produce sangre.

Herpes: infección producida por un virus, aparecen pequeñas vesículas alrededor de los labios.

Hético: tísico, extremadamente delgado y débil.

Hidropesía: acumulación de líquido seroso trasudado, en una cavidad.

Hipocondrios: zona situada en los flancos del tronco, desde la cintura hasta el diafragma. En ellos se encuentra el hígado y la vesícula biliar a la derecha. Parte del estómago y el bazo a la izquierda.

Hipospadias: abertura congénita anormal de la uretra, en la cara inferior del pene. En la mujer se abre dentro de la vagina.

Lenitivo: agente que ablanda o suaviza o calma el dolor en la parte donde se aplica.

Lepra: enfermedad infecciosa, producida por el *Mycobacterium leprae,* origina lesiones en la piel, mucosas, nervios, huesos y vísceras.

Leucorrea: salida de flujo no sanguinolento por el tracto genital femenino.

Loquios: son las pérdidas de líquidos, a través de la vagina. Ocurre tras el parto. Son una mezcla de sangre y restos del revestimiento del útero que se han formado durante el embarazo, así como de las secreciones que se producen al cicatrizar la herida, que deja la placenta tras su expulsión. La desaparición total de este flujo suele ocurrir a partir de los veinte días. No se aconseja usar tampones durante este periodo para evitar posibles infecciones. Lo más recomendable es el uso de compresas de gran tamaño y cambiarlas con frecuencia.

Lientería: diarrea de alimentos no digeridos.

Miometrio: capa muscular (la intermedia) del útero.

Mola: masa carnosa informe que se desarrolla en el útero, especialmente la producida por la degeneración de las vellosidades del corion y la placenta.

Nosografía: parte de la nosología que trata de la clasificación y descripción de las enfermedades.

Nosología: parte de la medicina que tiene por objeto describir, diferenciar y clasificar las enfermedades.

Nulíparas: mujer que no ha parido. Multíparas las que han tenido varios partos.

Opilación: obstrucción, impedimento en las vías del cuerpo. Supresión del flujo menstrual.

Pendejo: pelo que nace en el pubis y en las ingles.

Pesarios: son los óvulos actuales, actúan de forma tópica en la vagina mediante la introducción de una sustancia blanda y absorbente (lana, lino…). Se le da forma con una sustancia grasa y se impregna del producto de origen vegetal, mineral o animal que tiene efecto terapéutico.

Postmaduro: feto que ha rebasado el día 295 de gestación.

Prolapso: salida de un órgano al exterior, por ejemplo la vagina. Puede darse en las multíparas a cierta edad.

Pronóstico: juicio más o menos hipotético, acerca de la terminación probable de una enfermedad.

Sangre menstrual: sangre procedente de los vasos sanguíneos del endometrio o capa interna del útero, que se desgarra cuando no hay fecundación.

Sarna: lesiones cutáneas producidas por un ácaro el *sarcoptes scabiei*

Secundinas: placenta y membranas expulsadas en el alumbramiento.

Síntoma: actualmente es la referencia subjetiva que da un enfermo sobre su enfermedad. Se contrapone a signo, que es un dato objetivo.

Sonda de estaño o plomo: elementos alargados de varios tamaños, de estaño o de plomo (también las hay de madera), que se introducen en la vagina para enderezarla.

Sucusión: técnica por la que se ata a la mujer a una cama (puesta vertical) o a una escalera. En esta posición se golpean o se dejan caer, de forma brusca, sobre unos haces de leña, para disminuir el golpe. Sirve para que el útero vuelva a su sitio cuando ha habido un desplazamiento hacia arriba o hacia abajo. La mujer puede ponerse con la cabeza hacia arriba o hacia abajo según el desplazamiento uterino. Puede emplearse después del parto y durante el mismo, para expulsar la placenta y el feto.

Superfetación: cuando el útero está ocupado por dos fetos, de distintas edades. Es la fecundación sucesiva de dos óvulos, correspondientes a distintos períodos menstruales. En la superfecundación, la fecundación es de dos óvulos del mismo período menstrual.

Superfluidades: exceso de humores.

Tenesmo: deseo continuo, doloroso e ineficaz de orinar o defecar.

Teriaca o triaca: es un medicamento compuesto (a diferencia de los simples) por 70 ingredientes, siendo el principal el opio. Se usa como antídoto contra los venenos. Se atribuye a Andrómaco de Creta, médico de Nerón, se ha usado hasta el siglo XVIII.

Tisis: tuberculosis.

Tópica: administrar medicamentos en forma de pomada o líquidos sobre la piel.

Traveses de dedo: Medida de longitud.

Viruela: enfermedad infecciosa, transmisible, provocada por un virus. Se caracteriza por la aparición de pequeñas pápulas que pasan a pústulas y acaban en cicatrices persistentes.

Ventosas: vasos que se aplican sobre la piel intacta con objeto de atraer la sangre hacia la superficie. Se aplica un vaso sobre la piel, se hace el vacío y succiona, puede ser con escarificación o no, según salga sangre o no.

ANEXOS

EL DOMINIO DEL CUERPO FEMENINO COMO EJERCICIO DE PODER
(a través de textos médicos clásicos y medievales)

I. ÍNDICES DE LOS TEXTOS ESTUDIADOS

1.- Tratados ginecológicos del *Corpus Hippocraticum*

Sobre las enfermedades de las mujeres I

Cuestiones tratadas:

Características de las menstruaciones.

Capacidad de retener el esperma masculino: si no lo retiene no hay concepción; si lo retiene se pudre. Los tratamientos van dirigidos a la mujer (purgas, fumigaciones, pesarios).

Esterilidad

Enfermedades del embarazo y postparto.

Problemas de la matriz: cuello desviado, abierto, grasiento.

Mola.

Parto, purificación, niño/niña. Leche. Extracción del feto.

Tratamientos para hacer bajar la regla.

Anticonceptivos. Para acelerar el parto, para expulsar los loquios.

Prueba del embarazo. Para expulsar el feto. Para matar el feto que no se mueve.

Tratamientos de otras enfermedades:
Tos del niño
Para evacuar el niño
Disnea del niño
Vómitos
Anginas
Dolores de gota
Poner en su sitio el ¿ano?
Ojos
Para depilarse
Lientería (diarrea)
Resfriado
Evacuar
Disentería (diarrea)
Tenesmo.

Sobre las enfermedades de las mujeres II

Cuestiones tratadas

Tipos de flujo
Desplazamientos de la matriz a:
Cabeza
Corazón
Hipocondrios
Hígado

Hacia abajo
Hacia los costados
Hacia la región lumbar
Hacia los lados
Vejiga
Ano
Hacia derecha o izquierda
Salida del útero de los genitales (prolapso)

Características de la matriz: dura, cerrada, ulcerada, encallecida, abierta, lisa, inflamada.

Dolor de útero.

Erisipela, tratamientos contrarios.

Hidropesía.

Mola.

Aire en la matriz.

Matriz grasienta y carnosa.

Si no admite el esperma.

Dolor de cabeza.

Tratamientos para los dolores.

Tratamientos de belleza (halitosis, vello en el pecho, para embellecer la cara, para las arrugas, para la caída del pelo, para quitar las pecas, herpes).

Tratamientos sueltos, para los flujos.

Sofocación por desplazamiento de la matriz.

Aire en la matriz.

Desplazamientos de la matriz por diverso sitios (corazón, hígado, ingles, hacia fuera).

Estranguria.

Dolor en la matriz.

Aftas.

Verrugas.

Sobre las mujeres estériles

Causas de la esterilidad:

Orificio desviado o cerrado, no retiene o recibe el semen.

Matriz lisa, recibe el semen pero no lo retiene.

Úlceras en la matriz, no retiene el semen.

Restos de reglas en la matriz.

Matriz más abierta de lo normal, no retiene el semen.

Mala salud general de la mujer y de su regla, el esperma no se coagula por la sangre enferma y se vuelve seroso.

Amenorrea, al haber en la matriz sangre pasada no crece el semen.

Reglas muy abundantes, al vaciarse ala matriz no retiene el semen.

Cuando el orificio de la matriz está fuera de los genitales.

Cuando la regla se mueve hacia abajo en dirección al ano.

Pronósticos sobre la posibilidad de concebir de una mujer

Pronósticos sobre la posibilidad de concebir un varón o una niña

Tratamientos para conseguir un embarazo

Características del varón y de la mujer para concebir

Causas de esterilidad por:

Pus en la matriz, el semen del hombre cuando se mezcla con el da la mujer no se implanta porque no se coagula, tratamientos muy complicados.

Membrana en el orificio de la matriz.

Reglas biliosas o pituitiosas.

Enfermedad general y no puede tener relaciones con su marido.

Matriz adelgazada, orificio rugoso y cerrado el mismo tratamiento.

Gordura general que daña la matriz.

Orificio duro o desplazado.

Orificio más abierto, reglas abundantes y acuosas, el semen del hombre se corrompe.

Callosidades en la matriz, escupe el semen del hombre al tercer día, tratamiento extraño que consiste en sacar las callosidades con una sonda y una pinza.

Dos remedios para embarazarse

Explicación de la mola

Remedios para la purificación después del parto

Tratamiento para un aborto (espontáneo)

Aborto espontáneo, varias recetas

Tratamientos diversos:

Para una embarazada con pérdidas.

Para el dolor y sangrado durante el coito.

Para la matriz que sale hacia fuera más allá de lo que es natural, con oliguria o retención.

Para la matriz que sale completamente hacia fuera, por esfuerzos después del parto o por relaciones con su marido durante los loquios.

Método para extraer un feto muerto

Sobre las enfermedades de las vírgenes

Sobre la superfetación

Sobre la escisión del útero

Sobre la naturaleza de la mujer

Cuestiones que trata:

Exceso de humedad, hidropesía.

Desplazamiento de la matriz al hígado.

Prolapso de útero parcial o total.

Desplazamiento de la matriz a la cadera.

El orificio se repliega.

Desplazamiento de la matriz hacia arriba.

Inflamación e hinchazón de la matriz por aire.

Erisipela en la matriz .

Matriz más abierta.

Desplazamiento de la matriz hasta la zona del medio de las caderas.

Leucorrea.

Pituita.

Desplazamiento de la matriz a los hipocondrios.

Problemas de la matriz por perder el embrión, por desplazamientos, por humedad, dureza del orificio, callos, inflamación, orificio abierto, matriz lisa, amenorrea, aftas, estranguria y bilis.

Retirada de la leche, para embarazarse, dolor en la matriz, abortivos, prueba del embarazo, anticoncepción, test de embarazo, litiasis.

Tratamientos diversos.

2.- Sobre la localización de las enfermedades de Galeno

Libro VI

Capítulo 5: El útero o matriz: sus afecciones y causas; comentario a un pasaje del *Ápnous* de Heraclides Póntico. La retención del esperma como causa de trastornos en hombres y en mujeres. Sobre la comparación de la matriz con un animal. Otras afecciones ginecológicas. Ejemplos.

Capítulo 6: Ulceración del pene. La gonorrea y el priapismo. La erección y la eyaculación. Autodidaxia de algunas funciones; ejemplos.

3.- La Reproducción de los animales de Aristóteles

- Libro Primero. Sobre anatomía y fisiología de los genitales. Sobre las distintas teorías del esperma y el papel de cada sexo en la reproducción.

- Libro segundo. Sobre la reproducción y el embrión, fecundación, formación, alimentación y desarrollo. Causas de la esterilidad.

- Libro tercero. Sobre la reproducción de los animales. Incluye:

· Teoría de los cuatro elementos
·Teoría de la generación espontánea y por brotes
· Origen del hombre y de los animales
- Libro cuarto. Sobre teorías, refutaciones y acuerdos, semejanzas o no con los padres; multíparas. Exceso de órganos, malformaciones. La superfetación. Recién nacido. Mola. Leche. Parto. Ciclos cósmicos
- Libro quinto. Sobre caracteres. Sueño. Ojos, pelos, voz, oído, olfato, dientes.

4.- El libro de la generación del feto, el tratamiento de las mujeres embarazadas y de los recién nacidos (Tratado de Obstetricia y Pediatría hispano árabe del siglo X). Arib Ibn Said del siglo X.

Capítulo I.

De la semilla la cual es el origen del ser viviente y de los seres humanos. De cómo nace, de cómo surge la semilla (semen) y de las causas de la variedad de ella —De la renovación de su sustancia y del aumento en su cantidad— De las poluciones nocturnas *(ihtilám Hulum)* y lo que las provoca.

Capítulo II.

Del pene su forma y constitución *(rnuzaya)* y las causas que provocan la erección del pene y lo que estimula el apetito sexual —De lo que aumenta la potencia *(quwwat)* y estimula el deseo carnal.

Capítulo III

De los úteros *(ar\yam)* su constitución y situación. De las causas que impiden el embarazo. De la prueba de la mujer para saber si puede o no quedar embarazada. De los tratamientos del útero. De la regulación de la menstruación y de la del tratamiento para ayudar a quedar embarazada.

Capítulo IV.

De las causas que hacen que una gota de esperma forme un solo niño o varios. Descripción del proceder para el nacimiento de un hijo varón — ¡Si Dios lo permite, ensalzado y honrado sea!— De los diferentes medicamentos y remedios que suministran para esto.

Capítulo V.

De la unión de las simientes de los padres. De las señales de la concepción. De la forma del feto y de las primeras partes que se forman de los órganos (o miembros). De cuando reconocer si el feto es varón o hembra. De la causa de que nazcan hijos pequeños de padres fuertes y corpulentos. De la causa del crecimiento de los miembros o de su poco desarrollo, y de lo que dicen los árabes sobre esto.

Capítulo VI.

De la duración del embarazo de su término, del número de meses y días que dura. Del recién nacido (neonato) de siete meses o de ocho o de más tiempo. De las discusiones de los médicos antiguos y los astrólogos del porqué muchos crecen y desarrollan o mueren la mayoría de las veces. De anécdotas raras sobre este tema.

Capítulo VII

Del tratamiento de la embarazada. De la preservación de su vigor. De los cuidados y asistencia de la embarazada desde que comienza hasta que llega el parto. Teorías sobre el aborto y sus causas. Del tratamiento de sus accidentes y de las precauciones a adoptar sobre lo que pueda el aborto.

Capítulo VIII.

De los síntomas del parto. De los medios para facilitar el alumbramiento. De los preparativos para recibir al nonato. Del tratamiento de la madre. De la extracción de la placenta. De los términos utilizados por los árabes en el parto y sus diferentes clases.

Capítulo IX.

De la formación de la leche. De la lactancia del recién nacido. Del examen de la nodriza. Del cuidado de su salud y del régimen adecuado para ella. De lo que dan de alimento los árabes en la lactancia *(ai-Rada 'a).*

Capítulo X

De las edades del recién nacido y de su paso por las diferentes etapas y grados. De los extremos o límites que señalan para ellas los antiguos médicos y astrólogos. De las opiniones de los árabes sobre la cuestión.

Capítulo XI

Del tratamiento del niño desde el momento en que nace. De los cuidados o tratamientos de las enfermedades que acaecen al niño en este primer período de su vida.

Capítulo XII

Del tratamiento de los niños durante el segundo período de su vida, desde que tiene cuarenta días hasta el momento en que echan los molares. De los tratamientos que le convienen y de los cuidados médicos de las enfermedades propias de este período de su vida.

Capítulo XIII

Del tratamiento del niño desde que echa los molares hasta el momento en que se le caen los dientes delanteros, que es el tercer período de su vida, donde comienza su lenguaje, empieza a andar y es el destete. Se describe las enfermedades que le afectan en este período y lo que conviene para su tratamiento.

Capítulo XIV

Del tratamiento del niño desde que echa los dientes delanteros hasta que le sale el vello, próxima la pubertad, y sus sentidos se completan. De las enfermedades que tienen en esta edad y de los tratamientos que son adecuados para ellas.

Capítulo XV

De las poluciones nocturnas de los varones y de la menstruación de las muchachas. De la época de la pubertad, de los diversos cambios que surgen en su curso, en su aspecto y sus enfermedades. De la aparición en este período de gran número de enfermedades que, aunque son propias de la niñez, llegan hasta la pubertad. De la delimitación por los médicos y astrólogos de cada una de las edades desde que comienza su vida hasta que termina.

5.- *Sefer ha-toledet: Les infortunes de Dinah: Le libre de la génération. La ginecología juive au moyen âge del siglo XI.*

- Libro I:

Introducción
Anatomía femenina
La purificación de la mujer
El embarazo
El parto
Los tratamientos después del parto
Los tratamientos del recién nacido
La nutrición y tratamiento del bebé

- Libro II:

La interrupción de la menstruación
El calentamiento de la matriz
La inflamación de la matriz
El tratamiento de la mola
El tratamiento de la hemorragia
El tratamiento de la abundancia de reglas
El tratamiento de la salida del semen femenino
El tratamiento de la esterilidad
El tratamiento de la inclinación de la matriz
Las dificultades del parto
El feto muerto
La salida de la placenta: abscesos y lesiones del útero
El tratamiento de la gangrena de la matriz y la hipertrofia del clítoris
El tratamiento de las varices de la matriz
El tratamiento de la caída de la matriz
El caso del orificio cerrado.

6.- *Lilium medicinae:* Bernardo de Gordonio

- Libro primero. Sobre las fiebres, viruela, sarampión, mordeduras de animales, apostemas, verrugas, lepra, sarna, enfermedades de las uñas, quemaduras; sobre la patología relacionada con la cubierta exterior, la piel.

- Libro segundo. Sobre los cabellos y todo lo relacionado con el cuero cabelludo, alopecia, tiña, piojos, dolor de cabeza (lo incluye en este apartado), parálisis, enfermedades mentales.

- Libro tercero. Sobre los órganos de los sentidos, la cara y los dientes.

- Libro cuarto. Sobre la boca, los pulmones y el corazón; También incluye las enfermedades de las tetas (porque están en el tórax).

- Libro quinto. Sobre el aparato digestivo, incluye las almorranas.

- Libro sexto. Sobre los órganos anexos del digestivo hígado y bazo; sobre los riñones, vejiga y diabetes.

- Libro séptimo. Contiene 25 capítulos, todos excepto seis están dedicados al aparato reproductor masculino y femenino y el último a la cosmética

Capítulo 1. De la escasez del coito
Capítulo 2. De satiriasis y el priapismo
Capítulo 3. De la gonorrea
Capítulo 4. De la polución que se produce de noche
Capítulo 5. De las enfermedades de la verga y en primer lugar de las apostemas
Capítulo 6. De las apostemas y úlceras de los testículos
Capítulo 7. De la quebradura
Capítulo 8. De las enfermedades de las mujeres y primeramente de la retención de la menstruación
Capítulo 9. Del excesivo flujo en la menstruación
Capítulo 10. De la sofocación de la matriz
Capítulo 11. De las apostemas de la matriz
Capítulo 12. De las llagas, comezón y dolor de la vulva
Capítulo 13. De la caída de la matriz
Capítulo 14. De la esterilidad de las mujeres
Capítulo 15. Del regimiento de las preñadas y el aborto
Capítulo 16. De la dificultad del parto
Capítulo 17. De la retención de las pares
Capítulo 18. De la mola o toronja de la matriz
Capítulo 19. De la gota, de la ciática y artética
Capítulo 20. Del crecimiento del ombligo, de la gibosidad, de las varices y del dolor del espinazo
Capítulo 21. De los antídotos y medicinas que aprovechan en las enfermedades que van desde la cabeza hasta los pies
Capítulo 22. De los antídotos que valen contra las enfermedades de los miembros del aparato digestivo
Capítulo 23. De los antídotos que valen contra las enfermedades de los miembros nutritivos, así como el estómago, el hígado y el bazo
Capítulo 24. De los antídotos que aprovechan a las enfermedades de los riñones, de la vejiga y de las articulaciones
Capítulo 25. De los afeites de las mujeres.

7.- *Tractatus de conceptu.*

I. Esterilidad por mala complexión.
II. Esterilidad por mala complexión fría.
III. Esterilidad por mala complexión húmeda.
IV. Esterilidad por mala complexión cálida y húmeda.
V. Esterilidad por defecto de la composición.
VI. Esterilidad por sofocación de la matriz.
VII. Esterilidad por prolapso de la matriz.
VIII. Esterilidad por precipitación de la matriz.
IX. Esterilidad por neuma, grasa o herida en la matriz.
X. Consejos prácticos generales para lograr la concepción.

8.- *Tractatus de sterilitate mulierum.*

I. Curación de la esterilidad cuando procede de una causa cálida
II. Curación en caso de predominio de la frialdad
III. Curación de la humedad de la matriz
IV. Sobre los alimentos
V. Curación de la frialdad y humedad de la mujer
VI. Sobre la esterilidad debida a la sequedad.

9.- **Capítulo de mujeres o *Salar ha-nasim*. Anónimo, corpus médico hebreo.**

Las cuestiones que plantea son las siguientes:
1)   Endurecimiento de los pechos por:
    1.1. Inflamación
    1.2. Apostemas/tumor por:
    Sangre corrompida y putrefacta
    Otros humores
    Coagulación de la leche y su descomposición
    1.3. Frío
2)   No embarazo por:
    2.1. Estar llena de humores
    2.2. Ser ancha o estar abierta (no retiene el semen)
    2.3. Frío
    2.4. Flujo menstrual
    2.5. No menstrúa (antes de la menarquia)
    2.6. Apostemas en el útero
3)   Problemas de retención de orina
4)   Lesiones en el útero
5)   Abortos
6)   Pechos grandes.

II. *Tablas*

MÉDICOS GRIEGOS

VIa.C.	Califonte	Escuela Cnidia.
500 a.C	Alcmeon de Crotona	Pitagórico Importancia del cerebro frente a otros órganos del cuerpo humano. Concepto de la salud como el equilibrio de las cualidades.
VIIa.C	Tales Filósofo fisiólogo	El principio es el agua
VII-VI a.C.	Anaximandro Filósofo fisiólogo	Lo indeterminado
VI. a.C	Anaxímedes Filósofo fisiólogo	Pneuma
495-435 a.C.	Empédocles Filósofo natural que practicó la medicina	Mecanicista. Teoría de los cuatro elementos, que se mezclan o separan por la acción de dos elementos opuestos. Teoría del pneuma
460-370 a.C.	Hipócrates de Cos	La causa de la enfermedad es la naturaleza. Teoría de los humores. El poder curativo está en la naturaleza, el médico es su servidor. Corpus Hipocrático
460?-390 a.C.	Diógenes de Apolonia Filósofo fisiólogo	Aire como elemento fundamental para la vida
IV a.C.	Diocles de Caristia	Escuela dogmática. Autor del primer tratado de anatomía. Influido por la teoría de los humores de Hipócrates y por Aristóteles.
IV a.C.	Crisipo Maestro de Erasístrato	Escuela de Cnido
IV a.C.	Proxágoras de Cos Maestro de Herófilo	Escuela de Cos y posteriormente de la Dogmática, influido por Aristóteles Anatomista. Alejado de la teoría de los humores
IV-III a.C.	Herófilo de Calcedonia, discípulo del anterior	Fundador de la escuela de Alejandría, procedente de la de Cos. Anatomía y fisiología Abandona la teoría de los humores y la importancia de la *Physis* en la curación, la basa en la observación de los síntomas y las causas. Contra Hipócrates y contra Aristóteles. Inventó un embriotomo.[192]
III a.C.	Erasístrato de Ceos	Procede de la escuela de Cnido Fundador de la escuela de Alejandría junto al anterior. Anatomía y fisiología Abandona la teoría de los humores, pero no rechaza el papel de la *Physis* en la curación.
III-II a.C.	Filino de Cos, discípulo de Herófilo	Fundador de la escuela Empírica. Rompió con su maestro abandonando la anatomía.
II a.C.	Serapión de Alejandría	Escuela Empírica
I a.C.	Ateneo de Atala	Fundador de la escuela Pneumática.
I a.C.	Apolonio de Citio	Escuela Empírica. Comentador de Hipócrates
I a.C.	Heráclides de Tarento	Comentador de Hipócrates
I a.C.	Temisón de Laodicea	Fundador de la escuela metódica, contra la teoría de los humores.
II-I a.C.	Asclepiades de Bitinia	Escuela Metódica. Cura el médico, no la naturaleza,

---

[192] Instrumento que sirve para facilitar la extracción del feto muerto del útero, cortándolo en trozos. BABINI, J.: *Historia de la...*, p. 31.

		antihipocrático y antiempírico.
I d.C.	Tésalo de Tralles, discípulo del anterior	Escuela Metódica
53 a.C.-7 d.C	Aulo Cornelio Celso No está claro que sea médico	*Artes* sobre cirugía *De medicina*
I d.C.	Plinio el viejo No es médico	Su obra *Historia natural* sobre botánica y farmacología, se hace eco de la medicina popular y fantástica.
I d.C.	Dioscórides de Anazarba	*De Materia Medica*, gran obra sobre botánica vigente hasta el XVIII.
I-II d. C.	Areteo de Capadocia	Escuela Ecléctica Hipocrático
II d. C.	Rufo de Éfeso	Escuela Ecléctica, anatomista. Hipocrático
II d. C.	Sabino	Comentador del *Corpus Hippocraticum*. Maestro de Estratónico
II d. C.	Estratónico	Escuela dogmática Hipocrático. Maestro de Galeno
II d. C.	Marino	Escuela Ecléctica. Anatomía. Volvió a poner en circulación la anatomía de Herófilo y Erasístrato. Disecaba monos y otros animales. Su obra *"Anatomía del útero"* dedicado a una comadrona, basado en las disecciones. *"Sobre la experiencia en medicina"* tiene una traducción árabe.
II d. C.	Numesiano	Escuela de Alejandría Anatomía. Maestro de Galeno
II d. C.	Escrión	Escuela Empírica Farmacología. Maestro de Galeno
II d. C.	Quinto	Discípulo de Marino, anatomía. Maestro de Galeno
II d. C.	Sátiro	Escuela Dogmática Anatomía, demostraciones anatomo-quirúrgicas en animales. Perteneció a la escuela de Quinto, discípulo de Marino (anatomía).
II d. C.	Eficiano	Escuela Dogmática
II d. C.	Juliano	Metódico Contra Hipócrates y la teoría de los humores y de la intervención de la naturaleza en la curación. Enemigo de Galeno
II d. C.	Galeno de Pérgamo	Escuelas Dogmática, Empírica y Pneumática. Seguidor y comentarista de Hipócrates. Hizo disecciones en animales, no en hombres, usando la analogía para estudiar la anatomía humana[193]. Hace referencia en sus obras, a la obra de Marino (desaparecida). Antimetódico Tiene una abundante obra escrita que ha llegado en parte hasta hoy.
II d. C.	Sorano de Éfeso	Metódico Tiene una gran obra sobre ginecología, es traducido y comentado por Muscio, a través de este su obra es la base de la ginecología medieval.

---

[193] LAÍN ENTRALGO, P.: *Historia de...*, p. 76.

MÉDICOS LATINOS

V d.C.	Celio Aureliano	Metódico Traductor de Sorano, de algunos escritos hipocráticos, de algunas obras de Rufo, Dioscórides y Galeno
IV d.C	Oribasio de Pérgamo	Escuela de Alejandría *Las colecciones médicas* Seguidor de Galeno
VI d.C	Muscio	*Gynaecia muscionis* Se basa en la *Ginecológica* de Sorano Es un libro de preguntas y respuestas
VI d.C.	Aecio de Amida	Escuela de Alejandría *Ginecologia* Seguidor de Galeno y Sorano
VI-VII d.C	Alejandro de Tralles	Escuela de Alejandría Seguidor y crítico de Galeno *Terapeútica*
VI-VII d.C	Isidoro de Sevilla	*Etimologías*, basado en el De medicina de Celso *Regula Monachorum* *De medicina*
VII d.C	Pablo de Egina	Escuela de Alejandría Ginecología. Tiene una enciclopedia médica traducida a l árabe y parcialmente al latín.

MÉDICOS MEDIEVALES

IX	Johannitius	Fundó en Bagdad una escuela de traductores *Isagoge*
860-932	Razes	*Antidotarium Continens.* *Ad Almansorem. Aforismos. Sobre la pestilencia.* *Liber de divisionibus* Forma el Corpus de Montpellier
X	Haly (Ali) Abbas	*Liber regius o liber pantegni* Forma el *Corpus* de Salerno y Montpellier. Traducido por Constantino.
IX-X	Ibn al-Gazzar	*Viaticum o medicina de los viajes* Forma el *Corpus* de Salerno y Montpellier. Traducido por Constantino.
1010-1087	Constantino el Africano	Escuela de Salerno Traductor del árabe al latín Sus obras forman el *Corpus* de Salerno y Montpellier
XI	Isaac el Judío	*Guía de médicos. Fiebres. Aguas de manantial.* *¿Capítulo de mujeres?. Liber de urinis* Influye en Salerno y forma el Corpus de Montpellier
XI	Garioponto	*Un Passionarius Galieni* Forma el *Corpus* de Salerno
XI	Petroncellus	*Práctica* Forma el *Corpus* de Salerno
XI	Trótula de Salerno	*De pasionibus mulierum ante, in et post partum.* *Liber de sinthomatibus mulierum.* *De curis mulierum.* Referencias a sus obras en todos los tratados escritos por hombres, aunque no siempre se la cita. Forma el *Corpus* de Salerno
XI	Cofón el joven	*Ars menendi. Anatomia porci* Forma el *Corpus* de Salerno
XI	Arquimateo	*De adventu medici ad aegrotum* Forma el *Corpus* de Salerno
XI	Ricardo salernitano	*Anatomía Ricardi* Forma el *Corpus* de Salerno
980-1037 d.C.	Avicena	*Canon* (libro III, ginec) Forma el *Corpus* de Montpellier

XI-XII	Abulcasis	*Tratado quirúrgico* Forma el *Corpus* de Montpellier
XI-XII	Avenzoar	En contra de las tesis de Galeno Se estudia en Montpellier
XI-XII	Mesué	Forma el *Corpus* de Montpellier
XI-XII	Serapión	Forma el *Corpus* de Montpellier
1114-1187	Gerardo de Cremona No es médico	Traductor de la Escuela de traductores de Toledo. Traductor del *Canon* de Avicena, del *Tratado quirúrgico* de Albucasis y del *Liber ad Almansorem* y *Liber de divisionibus* de Razes.
XII	Averroes	Seguidor de Galeno y comentador de Aristóteles. Se estudia en Montpellier
XII	Mauro	*Regulae urinarium*
XII-XIII	Maimónides	*Extractos de Galeno* *Comentario sobre los aforismos de Hipócrates,* *Aforismos médicos de Moisés* (una parte la dedica a la ginecología). *Tratado sobre las hemorroides* *Tratado sobre las relaciones sexuales* *Tratado de los venenos y sus antídotos.* *En el Régimen de la salud.* Se estudia en Montpellier
1282-1318	Bernardo de Gordonio	*Lilium medicinae* Montpellier
1234-1311	Arnaldo de Villanova	*Speculum medicinae* *De regimine sanitatis* *De sigilis* Estudia alquimia y astrología: Seguidor de Hipócrates y Galeno Escuela de Montpellier
XIII	Saliceto	*De aegrituddinum curatione.* *La Summa conservationis et curationis* Salerno Bolonia
XIII	Arquimateo	*De instructione medici* Salerno
XIII	Gilles de Corbeil	*Liber de urinis.* *De pulsibus*
XIII	Mateo Plateario	*De simplicia medicina*
	Nicolás de Salerno	*Antidotarium*
1290-1368	Guy de Chauliac	*Gran Cirugía* Escuela de Montepellier
XIV	Jacoba Felicié	Ejercía como médico pero no lo era, o no tenía licencia.
XIII-XIV	Tadeo Alderotti	Introduce el método escolástico en la enseñanza de la medicina
XIII-XIV	Pietro d'Abano	Medicina escolástica
XV	Juan de Aviñón	*Sevillana medicina*
XIII	Pedro Hispano	*Tesoro de los pobres* Montpellier
XVI	Andrés de Laguna	Traductor de Dioscórides

DIAGNÓSTICOS SOBRE LA ESTERILIDAD

	1	2	3	4	5	6	7	8
Por mala complexión general				x			x	
Por mala complexión fría	x		x	x	x		x	
Por mala complexión húmeda	x		x	x	x		x	
Por mala complexión cálida y seca	x		x	x	x		x	x
Por frialdad y humedad				x	x		x	
Por sequedad					x		x	x
Por defecto de la composición				x				
Por sofocación de la matriz				x			x	
Por precipitación de la matriz (prolapso*)	x			x				
Por aire en la matriz	x			x				
Por grasa o heridas			x	x	x	x	x	
Estrechez del orificio de la matriz			x	x	x		x	
Retención del menstruo	x		x		x		x	
Exceso de menstruación	x	x	x				x	
Orificio desviado	x		x					
Orificio del útero cerrado	x							x
Matriz lisa	x							
Matriz muy abierta	x		x	x		x		
Gordura general	x		x				x	x

89

Por desplazamientos de la matriz	X	X		X				
Ulceración del orificio	X		X		X		X	X
Apostemas en la matriz y heridas			X	X		X		
Beber agua fría, tomar alimentos ácidos			X	X			X	
Accidentes del alma ira, tristeza, temor…			X					X
Delgadez			X				X	X
Edad			X			X		
Grasa en el útero	X		X	X	X	X		
Cuando la mujer no retiene el esperma del varón	X	X				X		X

TRATAMIENTOS. APLICACIONES

	1	2	3	4	5	6	7	8
Alimentación	X		X		X		X	X
Ataduras dolorosas			X	X			X	
Ayuno	X		X				X	
Baños Prohibición de baños	X		X	X	X	X		
Baños vapor	X		X	X	X			
Bastones de madera y sondas de plomo o estaño.	X		X					
Cataplasmas, Fomentos, emplastos y ungüentos	X		X	X	X	X		
Cirugía			X	X				
Clister/lavativas Irrigaciones	X		X	X	X	X		
Colocar la matriz			X	X				
Dieta alimenticia	X		X	X	X		X	
Ejercicio. Estilo de vida	X		X	X	X			

Estornudar, para que la matriz baje a su sitio	x		x	x				
Flebotomía	x		x	x	x		x	
Friegas (fuertes)			x				x	
Fumigaciones por la matriz o por la nariz	x		x	x	x	x		
Oral	x		x	x	x	x	x	
Pesarios	x		x	x	x	x	x	
Purgas	x		x	x				
Sucusión	x							
Ventosas sin escarificaciones	x		x	x			x	
Provocar vómitos	x		x	x			x	

BIBLIOGRAFÍA

A) Textos estudiados

ARISTÓTELES: *Reproducción de los animales*. Introd., trad. y notas de E. Sánchez. Madrid, 1994.

ARJONA CASTRO, A.: *El libro de la generación del feto, el tratamiento de las mujeres embarazadas y de los recién nacidos (Tratado de Obstetricia y Pediatría hispano árabe del siglo X). Arib Ibn Said*. Córdoba, 1983.

BARKAÏ, R.: *Les infortunes de Dinah: Le libre de la génération. Le gynécologie juive au moyen âge*. París, 1991.

BERNARDO DE GORDONIO: *Lilium medicinae*. Estudio y ed. D. Brian y M.N. Sánchez. Madrid, 1993.

CABALLERO NAVAS, C.: "Un capítulo sobre mujeres. Transmisión y recepción de nociones sobre salud femenina en la producción textual hebrea durante la Edad Media", *Revista MEAH, Sección Hebreo*, 52, 2003, pp. 135-162.

CONDE PARRADO, P., MONTERO CARTELLE, E., HERRERO INGELMO, M.C.: *Tractatus de conceptu. Tractatus de sterilitate mulierum*. Valladolid, 1999.

GALENO: *Sobre la localización de las enfermedades*. Introd. L. García Ballester; trad. y notas, S. Andrés Aparicio. Madrid, 1997.

HIPÓCRATES: *Tratados Hipocráticos libro IV: Tratados ginecológicos: sobre las enfermedades de las mujeres. Sobre las mujeres estériles. Sobre las enfermedades de las vírgenes. Sobre la superfetación. Sobre la excisión del feto. Sobre la naturaleza de la mujer*. Trad. y notas L. Sanz Mingote; introducción e índices, J.A. Ochoa Anadón. Madrid, 1988.

B) Bibliografía general

AMASUNO SÁRRAGA, M. V.: "El saber médico tras el prólogo del *Libro de buen amor*: «loco amor» y «amor hereos»", en F. Toro Ceballos y B. Morros Mestre (Coords.), *Juan Ruiz, Arcipreste de Hita y el "Libro de Buen Amor". Actas del Congreso Internacional del Centro para Edición de los Clásicos Españoles*, Alcalá la Real, 2004, pp. 247-270 [Recurso disponible en el Centro Virtual Cervantes].

ARISTÓTELES: *Obra biológica: De partibus animalium. De motu animalium. De incessu animalium*. Trad. R. Bartolomé; introducción y notas A. M http://gramola.fyl.uva.es/~wfilosof/webMarcos/

ARISTÓTELES: *Acerca de la generación y la corrupción. Tratados breves de historia natural*. Intr., trad. y notas E. Lacrote y A. Bernabé Pajares. Madrid, 1987.

ATENEO DE NÁUCRATIS: *Sobre las mujeres*. Madrid 1994 .

BABINI, J.: *Historia de la medicina*. Barcelona 1985.

BACHOFEN, J.J.: *El matriarcado*. Madrid, 1987.

BARNETT, S.A.: *La conducta de los animales y del hombre*. Madrid 1983.

BUXÓ REY, M.J.: *Antropología de la mujer. Cognición, lengua e ideología cultural*. Barcelona, 1991.

BRUNSCHWIG, J. y LLOYD, G.: *El saber griego*. Madrid, 2000.

CABALLERO NAVAS, C.: Percepciones del cuerpo femenino en la literatura médica hebrea medieval. *XIII Coloquio Internacional de la Asociación Española de Investigación de Historia de las Mujeres. La historia de las mujeres: Perspectivas actuales*. Barcelona, 2006.

CABANES JIMÉNEZ, P.: "La medicina en la historia medieval cristiana*" Espéculo. Revista de estudios literarios*. Universidad Complutense de Madrid, 2006. http://www.ucm.es/info/especulo/numero32/medicime.html.

CABANES JIMÉNEZ, P.: "La sexualidad en la Europa medieval cristiana*" Revista electrónica sobre Literatura Española Medieval y del Renacimiento*. Universidad de Valencia, 2003. http://parnaseo.uv.es/Lemir/Revista/Revista1/Revista1.html

CABRÉ I PAIRET, M.: "Cosmética y perfumería*"* en *Historia de la ciencia y de la técnica en la Corona de Castilla*. (dir. L. García Ballester). Salamanca, 2002.

CABRÉ I PAIRET, M. *et alii.: De dos en dos. Las prácticas de creación y recreación de la vida y la convivencia humanas.* Madrid, 2000.

CORNFORT, F.M.: *De la religión a la filosofía.* Barcelona, 1984.

CORNFORT, F.M.: *Principium sapientiae. Los orígenes del pensamiento filosófico griego.* Madrid, 1987.

DANGLER, J.: "Trotaenfermos: la idea del bienestar en el "Libro de buen amor". *XIII Coloquio Internacional de la Asociación Española de Investigación de Historia de las Mujeres. La historia de las mujeres: Perspectivas actuales.* Barcelona, 2006.
DANGLER, J.: "Tractado del uso de las mugeres (1572) del médico Francisco Núñez de Coria". *Revista Electrónica sobre Literatura Española Medieval y del Renacimiento.* Universidad de Valencia, 1996-97. http://parnaseo.uv.es/Lemir/Revista/Revista1/Revista1.html

DUBY, G. y PERROT, M. (dir.): *Historia de las mujeres.* Madrid, 1992.
FERRE, L.: "Avicena hebraico: la traducción del Canon de medicina". *Revista MEAH, Sección Hebreo,* 52, 2003, pp. 163-182.

FLANDIN, J. y MONTANARI, M. (dir): *Historia de la alimentación.* Gijón, 2004.

GALENO: *Sobre las facultades naturales. Las facultades del alma siguen los temperamentos del cuerpo.* Introd., trad. y notas, J. Zaragoza Gras. Madrid, 2008.

GARCÍA BALLESTER, L.: *Artifex factivus sanitatis: saberes y ejercicio profesional de la medicina en la Europa pluricultural de la Baja Edad Media.* Universidad de Granada, 2004.

GARCÍA BALLESTER, L.: *Los moriscos y la medicina: un capítulo de la medicina y la ciencia marginadas en la España del siglo XVI.* Barcelona, 1984.

GARCIA GARCIA, I. RAMOS COBOS, M. C. y GOZALBES CRAVIOTO, E.: "Enfermedad y cuidados en la obra de Isidoro de Sevilla: siglo VII". *Index Enferm.* [online], vol. 14, no. 51, 2005, pp. 70-73.

GARCÍA MARTÍNEZ, A.C., GARCÍA MARTÍNEZ, M.J. Y VALLE RACERO, J.I.: "La imagen de la matrona en la Baja Edad Media". *Revista Híades 3-4,* septiembre 1996-abril 1997, pp. 61-82.

GOUREVITCH, D.: *Le mal d'être femme: La femme et la médecine dans la Rome antique.* Paris, 1984.

HERNÁNDEZ BERMEJO, M.A.: "La imagen de la mujer en la literatura moral y religiosa de los siglos XVI y XVII, *Norba. Revista de Historia,* nº 8-9, 1988, pp. 175-188.

HERNÁNDEZ BERMEJO, M.A.: "La sexualidad prohibida y el tribunal de la Inquisición de Llerena", *Revista de Estudios Extremeños,* vol 44, 3, 1988, pp. 623-660.

HESIÓDO: *Teogonía. Trabajos y días. Escudo. Certamen.* Introd., trad. y notas A. Martín Sánchez y M.A. Martín Sánchez. Madrid, 1994.

HIPÓCRATES: *Tratados hipocráticos.* Introd., trad. y notas M.A. Hermosín. Madrid, 1996.

KAPPLER, C.: *Monstruos, demonios y maravillas a fines de la Edad Media.* Madrid, 1986.

LAÍN ENTRALGO, P.: *Historia de la medicina.* Barcelona, 1989.

LÓPEZ-BARALT, L.: *Un Kama Sutra español.* Madrid, 1992.

LÓPEZ PÉREZ, M.: "Los textos ginecológicos en la antigüedad tardía: el catecismo de las parteras de Mustio", *Enfermería Global,* 2005.

LÓPEZ PIÑERO, J.Mª.: *La medicina en la historia.* Madrid, 2002.

MARTÍNEZ MARZOA, F.: *Historia de la filosofía antigua.* Madrid, 1995.

MONTERO CARTELLE, E. HERRERO INGELMO, M.C.: "Interrogaciones in cura sterilitates en el marco de la literatura médica medieval", *Faventia: Revista de filologia clàssica,* Número 25, Fasc. 2, 2003, pp. 85-97.

PLATÓN: *Timeo.* Madrid, 2004.

POMEROY, S.B.: *Diosas, rameras, esposas y esclavas. Mujeres en la Antigüedad Clásica.* Madrid, 1990.

RAMÓN GUERRERO, A.: *El pensamiento filosófico árabe.* Madrid, 1985.

SANTILLANA PÉREZ, M: *La vida: nacimiento, matrimonio y muerte en el partido de Cáceres en el siglo XVIII.* Salamanca 1992.

TESTÓN NÚÑEZ, I.: *Amor, sexo y matrimonio en Extremadura.* Badajoz 1985.

TORPE, W.H.: *Naturaleza animal y naturaleza humana.* Madrid, 1980.

TOWLER, J. Y BRAMALL, J.: *Comadronas en la historia y en la sociedad.* Barcelona, 1997.

VALCÁRCEL, A.: *Sexo y filosofía: sobre "mujer" y "poder".* Barcelona, 1991.

VÁZQUEZ GARCÍA, F. Y MORENO MENGÍBAR, A.: *Sexo y razón. Una genealogía de la moral sexual en España (siglos XVI-XX)*. Madrid, 1997.

VICENS, T. (Prólogo y traducción): *Speculum al joder Tratado de recetas y consejos sobre el coito*. Barcelona, 2000.

VVAA: *Diccionario terminológico de Ciencias Médicas*. Barcelona, 1991.

WULFF ALONSO, F.: "Mujeres, héroes y diosas entre los mitos griegos y orientales.A propósito de Odiseo, Gilgamhesh y Sansón". *Hijas de Afrodita: la sexualidad femenina en los pueblos mediterráneos*, Pérez Jiménez y Cruz Andreotti (eds). Madrid 1996, pp. 1-34

ÍNDICE

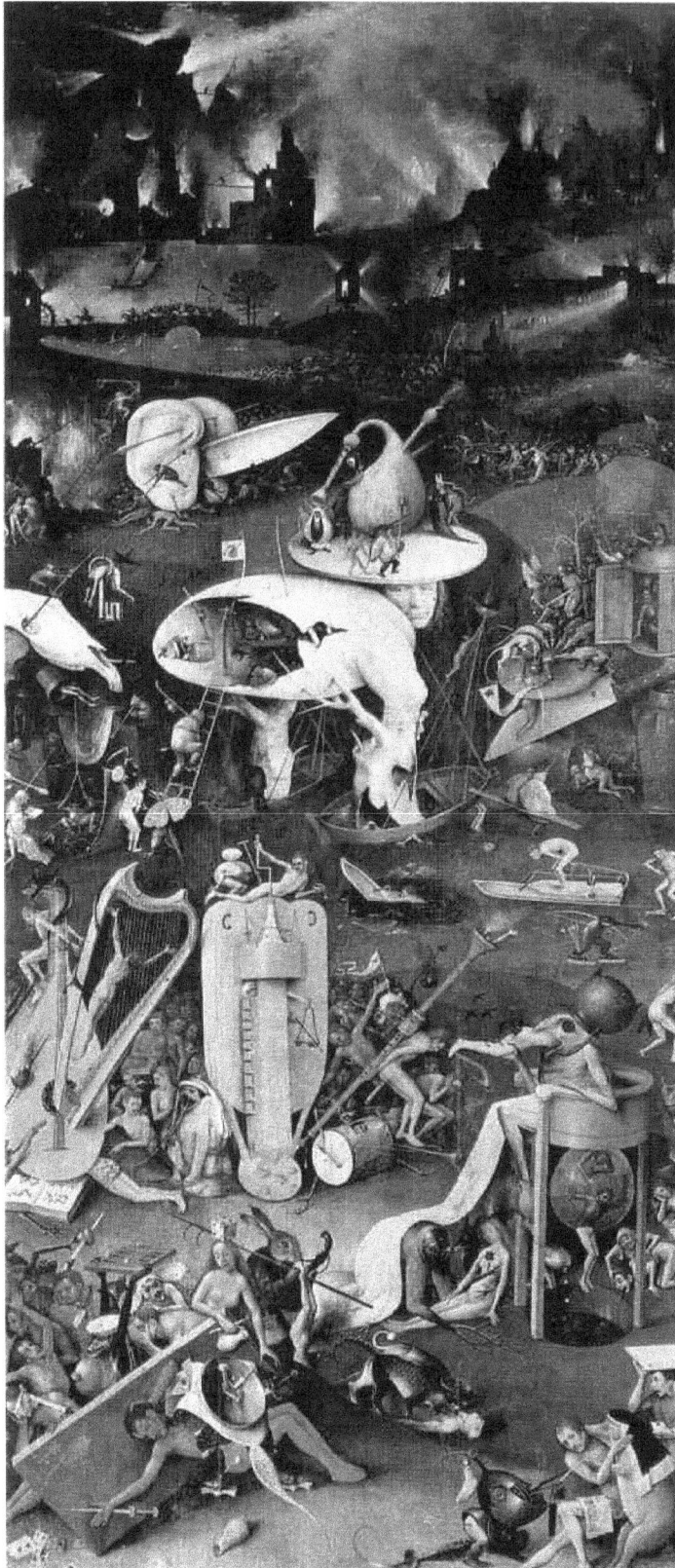

Panel derecho del Jardín de las Delicias, que corresponde al Infierno. Hyeronimus Van Acken El Bosco. Museo del Prado.